GALERIE
DU
MUSÉE NAPOLÉON.

TOME SEPTIÈME.

GALERIE
DU
MUSÉE NAPOLÉON,

PUBLIÉE PAR FILHOL, GRAVEUR,

Et rédigée par LAVALLÉE (Joseph), Secrétaire perpétuel de la Société philotechnique, des Académies de Dijon et de Nancy, de la Société royale des Sciences de Gothingue, etc.

DÉDIÉE

A S. M. L'EMPEREUR NAPOLÉON I.ᴇʀ

TOME SEPTIÈME.

PARIS,
Chez FILHOL, Artiste-Graveur et Éditeur, rue de l'Odéon, N.º 55.

DE L'IMPRIMERIE DE GILLÉ FILS.
1810.

TABLE
DU SEPTIÈME VOLUME.

LIVRAISONS DE 73 à 84.
GRAVURES DE 433 à 504.

SUJETS DE PEINTURE.

NOMS DES MAITRES.	ÉCOLES.	EXPOSITION DES SUJETS.	NUMÉROS des Planches.
Bartholomeo (Fr.)..	Italienne....	Le Sauveur du Monde.....	476
Berk Heyden ...	Flamande....	Vue de Haarlem........	485
Brekelenkamp (N.).	Idem	Un Vieillard occupé à écrire ..	497
Bol (Ferd.).....	Idem	La Circoncision........	488
Caravage (M. A.)..	Italienne....	La Mort de la Vierge.....	475
Carrache (An.)...	Idem	La Prédication de Saint-Jean dans le désert........	448
Idem........	Idem	La Mort d'Absalon.......	454
Carrache (L.)....	Idem ...	La Vierge et l'Enfant Jésus ...	452
Champaigne (P.)..	Française ...	Paysage	484
Coning (Salomon)..	Flamande...	Joseph expliquant les songes de Pharaon	458
Idem	Idem	L'Adoration des Mages.....	494
Corrège (Ant.)...	Italienne....	Le Mariage de Sainte Catherine.	439
Cuyp (Albert)....	Flamande...	Paysage et Animaux	436
Delorme (A.)....	Idem	Intérieur d'une Eglise gothique .	472
Del-Piombo (Séb.).	Italienne....	La Visitation de la Vierge....	469
Dietrick (C. Q. E.)..	Flamande...	Agar présentée à Abraham ...	446
Dominiquin (le)..	Italienne....	La Communion de Saint Jérôme.	433
Idem........	Idem	Un Concert.........	465
Dow (Gérard)...	Flamande...	La Lecture de la Bible	434
Idem........	Idem	Le Portrait de Gérard Dow...	443
Idem........	Idem	La Cuisinière hollandaise....	453

NOMS DES MAITRES.	ÉCOLES.	EXPOSITION DES SUJETS.	NUMÉROS des Planches.
Dujardin (K.). . . .	Flamande . . .	Le Charlatan de Province. . . .	471
Garofolo.	Italienne. . .	La Sainte Famille et Sainte Catherine.	499
Glauber (Jean). . .	Flamande . . .	Paysage	479
Guide (le).	Italienne. . . .	Saint Sébastien	467
Le Sueur (Eust.). .	Française . . .	Saint Bruno en prière	440
Idem.	Idem	La Descente de Croix	463
Idem.	Idem	Vénus présentant l'Amour à Jupiter.	477
Idem.	Idem	La Mort du chanoine Raymond .	482
Idem.	Idem	Une Muse	501
Lorrain (Claude Gelée dit le).	Idem	Vue d'un Port au soleil levant. .	466
Idem.	Idem	Un Port de mer.	490
Idem.	Idem	Un Paysage.	496
Metzu (G.).	Flamande . . .	Scène familière	435
Neefs (Péeter). . .	Idem	Un Intérieur d'Eglise	491
Netscher (Gaspard).	Idem	La Leçon du Chant	441
Ostade (A. Van). . .	Idem	Un Estaminet.	447
Idem.	Idem	Idem	459
Palme le vieux. . . .	Italienne. . . .	Portrait de Bayard.	503
Poelemburg. . . .	Flamande . . .	La Vierge, l'Enfant Jésus et des Anges	483
Poussin (N.). . . .	Française . . .	Le Repos de la Sainte Famille. .	487
Poussin (Gaspre). .	Italienne. . . .	Un Paysage.	502
Potter (Paul). . . .	Flamande . . .	Bœufs et Moutons dans un pré. .	478
Rubens.	Idem	Vénus et Adonis.	470
Rembrant.	Idem	Le Prisonnier en colère. . . .	457
Idem.	Idem	Portrait d'un jeune homme. . .	461
Romain (Jules). . .	Italienne. . . .	Vénus et Vulcain	451
Ruisdael.	Flamande . . .	Un Paysage.	442
Sarto (André del). .	Italienne. . . .	Jésus-Christ au Tombeau. . . .	445
Titien (le)	Idem	Portrait d'homme	449
Idem.	Idem	Le Titien et sa Maîtresse. . . .	455
Idem.	Idem	Le Couronnement d'épines. . . .	457
Idem.	Idem	La Vierge au lapin.	493
Véronèse (Paul) . .	Idem	La Vierge, Saint François et Saint Jérôme.	481
Vinci (Léonard de) .	Idem	Un Portrait de Femme.	475

NOMS DES MAITRES.	ÉCOLES.	EXPOSITION DES SUJETS.	NUMÉROS des Planches.
Vouet (Simon)...	Française...	La Vierge, l'Enfant Jésus et Saint Jean............	500
Werff (Van der)..	Flamande...	Diane............	489
Idem.......	*Idem*....	Le Repos de la Sainte Famille..	464
Wouvermans....	*Idem*....	Halte de Voyageurs villageois..	460
Idem.......	*Idem*....	Le Repos des Moissonneurs...	495

SCULPTURE.

Achille................	S............	458
Antinous en Hercule..........	S............	468
Esculape..............	S............	462
Le Faune et l'Enfant..........	S............	450
Jeune Faune jouant de la flûte.....	S............	474
Génie funèbre.............	S............	480
Hermaphrodite............	S............	444
Lucius Verus.............	B............	456
Marc Aurele..............	B............	456
Messaline..............	S............	504
Le Poète Menandre..........	S............	492
Mithiade...............	B. ou hermès......	498
Therpsicore..............	S............	486
Thémistocle.............	B. ou hermès......	498

FIN DE LA TABLE DU SEPTIÈME VOLUME.

LA COMMUNION DE St. JÉRÔME.

EXAMEN
DES PLANCHES.

SOIXANTE-TREIZIÈME LIVRAISON.

PLANCHE PREMIÈRE.

LE DOMINIQUIN (Domenico Zampieri dit).

LA COMMUNION DE SAINT JÉROME ; *peint sur toile ; hauteur quatre mètres dix-neuf centimètres ou douze pieds sept pouces ; largeur deux mètres cinquante-huit centimètres ou sept pieds onze pouces.*

Quatre-vingt-dix années ont passé sur la tête de Saint Jérôme. Le travail, la méditation, les macérations, les austérités de tout genre, ont, autant que l'âge, miné cette constitution robuste qu'il reçut de la nature. Il sent la mort s'approcher, et veut, pour la dernière fois, recevoir le viatique. Ses amis l'ont porté dans l'église de Bethléem. A l'approche de l'hostie que lui présente un prêtre du rit grec, ce vieillard vénérable essaie de ranimer ses forces défaillantes. C'est en vain qu'un jeune homme lui porte les secours de son zèle, de sa force et de la plus respectueuse affection. Le corps de Saint Jérôme s'affaisse, ses muscles détendus se refusent à son désir religieux, ses mains et ses jambes ont perdu leur ressort, et la présence de son dieu retient seule son ame prête à s'envoler. Quelle scène touchante ! quelle sublimité d'expression ! quelle profonde étude de la nature ! Avec quel art ce grand peintre a rendu, dans ces divers personnages, la piété, la résignation, les regrets, la douleur, l'admiration, l'étonnement, et même jusqu'à l'indifférence qu'enfante, dans certains hommes, la pratique journalière des mêmes fonctions. Cet admirable chef-d'œuvre est l'un des plus beaux tableaux qu'ait produit l'Italie, et ce n'est pas sans raison que le Poussin n'en trouvait dans Rome que deux capables de rivaliser avec lui.

Il faut plaindre le siècle où vécut ce grand peintre, d'avoir méconnu son mérite. La postérité l'a bien vengé de cette injustice, et, s'il est vrai que notre essence survive au tombeau, l'ombre du Dominiquin doit être consolée. Le Guide et ses partisans avaient étouffé dans Rome la réputation naissante de Zampierri. Lanfranc et l'Espagnolet, livrés à la plus basse jalousie, empoisonnèrent ses jours. Annibal Carrache eut seul la générosité de le défendre, mais Annibal mourut, et le Dominiquin resta sans protecteur. Les richesses et les honneurs récompensaient les plus minces productions de ses rivaux, et la misère était son partage. Il ne dut qu'à la commisération d'un prêtre l'ordre de faire le tableau que nous venons de décrire, et qu'on ne lui paya que 250 francs : l'envie frémit alors de la puissance du génie, et la calomnie vint à son secours. Augustin Carrache avait peint, quelques années avant, le même sujet pour la Chartreuse de Bologne; l'accusation de plagiat devint le cri général, comme si l'histoire n'était pas le domaine de tous. Ces deux tableaux sont maintenant au Musée, et tout le monde peut juger aujourd'hui de la bonne foi des ennemis de cet artiste sublime, que l'Espagnolet parvint à faire chasser de Naples comme indigne du nom de peintre. Toutes les fois que ces envieuses rivalités se renouvellent parmi les artistes, je voudrais que chaque jour, à leur réveil, un ami leur criât : Songez au Dominiquin !

Si dans le tableau de la communion il a représenté le prêtre dans le costume sacerdotal des Grecs, et le diacre avec ceux du rit romain, il ne faut traiter ce rapprochement d'anachronisme. Tel fut, pendant assez long-tems, l'usage commun aux deux églises. M. de Fleury fait autorité à cet égard.

Ce tableau fait partie des cent articles de statues et tableaux, livrés à la France par le pape Pie VI, conformément au traité de paix de Tolentino. Il décorait le maître autel de l'église de Saint Jérôme de la Charité, à Rome.

César Testa et Jacques Frey l'ont gravé ; il ne serait pas difficile de mieux faire, et cette entreprise serait digne d'occuper les burins de nos graveurs.

LA LECTURE DE LA BIBLE.

PLANCHE II.

DOW (Gérard).

LA LECTURE DE LA BIBLE; *peint sur bois; hauteur quarante-neuf centimètres trois millimètres ou un pied sept pouces; largeur trente-huit centimètres huit millimètres ou un pied deux pouces.*

Le charme que l'on éprouve à l'aspect de ce tableau, atteste la puissance de la nature, tant il est vrai que sa représentation fidelle est le grand secret de l'art de la peinture. Tout plaît, tout attache, tout enchante dans cette scène si naive et si simple. Les passions se taisent à la vue de ce tableau; il verse le calme dans les sens; on aime ces vieillards, on partage la paix de leur ame, on voudrait vivre avec eux, leur parler, les entendre, leur prodiguer des soins. Heureux qui pourrait reconnaître en eux les portraits de ses pères! plus heureux celui qui aurait hérité de leurs mœurs!

Rien n'annonce l'opulence dans ce modeste asile. C'est un réduit champêtre, tout s'y ressent de l'honnête médiocrité de ceux qui l'habitent. Ces bonnes gens ont passé de longs jours ensemble. Ils n'ont point connu l'infortune, mais i's n'ont point connu les richesses. Voici le rouet qui charma les soirées de l'hiver. Dans cette cage est l'oiseau dont le chant les amuse. Sur cette tablette est le dieu qui reçoit leurs prières. Des chaises de paille, quelques ustensiles de cuivre, tels sont les meubles de cette chambre rustique que le soleil échauffe de ses rayons. Plus on regarde ce tableau, plus on se pénètre de respect pour ce couple vertueux. C'est l'emblême de l'âge d'or. Mais ces antiques époux sont seuls! cette réflexion afflige. Peut-être que le tombeau les séparera bientôt; qui donc consolera le délaissé!

La bonne vieille, un *in*-folio sur ses genoux, en lit attentivement quelques passages. La tradition veut que ce soit la Bible. La soumission conjugale l'a placée sur une simple chaise, tandis que son époux occupe un gothique fauteuil. La tête chauve, le front sillonné de rides profondes, le menton ombragé d'une barbe vénérable, appuyé d'une main sur le bras du fauteuil et de l'autre sur un bâton épais, le vieillard s'est penché pour mieux entendre. L'âge a sans doute émoussé la finesse de l'ouïe. Un modeste repas, posé sur un tabouret triangulaire, va succéder sans doute à la lecture, mais le devoir religieux doit passer avant tout.

Tels sont l'idée, la composition, la poésie, l'esprit, la philosophie de ce charmant tableau. On prétend que c'est sa propre famille que Gérard Dow a représentée; si cette anecdote est vraie, elle lui fait honneur; elle prouverait qu'il n'aurait point dégénéré de l'éducation vertueuse qu'il en reçut. Combien d'artistes dont l'orgueil rougirait d'ériger un semblable monument à l'obscurité de leurs pères.

On doit ce tableau aux soins de feu M. Dangevilliers, qui l'acheta pour la collection royale.

PLANCHE III.

METZU (Gabriel).

SCÈNE FAMILLIÈRE; *peint sur bois; hauteur trente-six centimètres ou un pied un pouce; largeur vingt-huit centimètres ou dix pouces.*

Dans un appartement somptueusement décoré, et que coupe un grand rideau qui sert de champ aux figures, une jeune femme en négligé du matin accorde un sistre; derrière elle, et appuyé sur le dos de son fauteuil, un cavalier couvert d'un large manteau, tenant d'une main son chapeau qu'ombrage une grande plume, et de l'autre un verre, semble causer avec elle. La figure de ce cavalier est sérieuse; c'est celle d'un homme d'un âge mûr. Si ce sont quelques propos galans qu'il adresse à cette dame, ils ne sont point dictés par l'étourderie, il pense ce qu'il dit. Quoiqu'il en soit, sa conversation n'est point importune à cette dame; elle l'écoute avec intérêt, et ses traits n'annoncent point que son cœur se soit armé de sévérité. Un beau chien épagneul, silencieux témoin de l'entretien, repose amicalement sa tête contre sa maîtresse. Il est peut-être ici l'emblème de la fidélité que promet ce cavalier. Cette dame a le coude appuyé sur un meuble, espèce de coffre ou de commode, dont la tablette est recouverte d'un riche tapis à frange, et sur lequel on aperçoit un violon et un de ces *vidrecomes* magnifiques, à la mode sans doute à l'époque où Metzu florissait, puisqu'il les a introduits plus d'une fois dans ces tableaux. La capacité de celui-ci paraît

SCÈNE FAMILIÈRE.

PAYSAGE ET ANIMAUX.

énorme. Sa garniture est superbe et précieusement travaillée, et sa forme serpentine, rompt ingénieusement l'uniformité des lignes que les colonnes du fond auraient offertes.

On désirerait un champ plus vaste à cette composition; elle paraît n'être qu'une portion de tableau. Ce défaut est plus frappant encore, si l'on compare ce tableau avec celui que nous avons précédemment décrit sous le N.º 545. On y retrouve les mêmes dispositions dans les figures et les accessoires. La place seule du cavalier est changée. On pourrait supposer que Metzu avait destiné celui-ci à faire pendant avec le premier, mais que la trop grande uniformité des deux scènes le détourna de cette idée. Quoiqu'il en soit, l'un et l'autre méritent une grande estime par leur belle exécution, par leur couleur admirable, et par la parfaite entente du clair-obscur, partie de l'art que ce grand peintre possédait à un degré supérieur.

Ce tableau provient des conquêtes de 1806.

PLANCHE IV.

KUIP ou CUIP (Albert), né a Dort en 1606; élève de son père.

PAYSAGE ET ANIMAUX; *peint sur toile; hauteur un mètre cinquante-huit centimètres ou quatre pieds huit pouces; largeur deux mètres sept centimètres deux millimètres ou six pieds trois pouces.*

Un pâtre assis, les jambes nues et la tête couverte d'un chapeau, s'amuse à jouer du chalumeau. Les sons aigus de l'instrument rustique captivent l'attention de deux enfans. On dirait presque que cette attention est partagée par les bestiaux, dont plusieurs ont les yeux tournés vers le pâtre; le chien seul, que rien ne peut distraire de son devoir, assis et tournant le dos au musicien, ne s'occupe que du troupeau confié à sa vigilance. De nombreux moutons, guidés par des bergers, descendent du coteau voisin. Les ciels sont brillans de lumière. Le soleil est loin encore de son coucher. Ce n'est point de la chaleur des climats d'Italie dont l'air est embrâsé; l'indifférence que ce pâtre, ces enfans, ces animaux, témoignent pour l'ombrage des bois, l'annonce suffisamment; c'est un beau jour d'un été de la Hollande. Un lac immense rafraîchit ce paysage, dont l'horizon est enrichi par les tours élevées d'une ville opulente.

Tout est naïf, tout est vrai, tout est charmant dans ce tableau. Le peintre a copié la nature. Ce sont peut-être les environs de la ville qu'il habitait. Quelle vérité dans ces animaux ! Ce n'est point celle de Paul Potter; c'est un autre cachet que le sien, mais c'est aussi un cachet original.

Comment un aussi beau talent n'a-t-il pas valu plus de renommée à celui qui le possédait ? On ignore quel fut son maître, quel fut sa destinée, à quelle époque il cessa de vivre; l'on est même incertain sur le tems et le lieu de sa naissance. On croit qu'il naquit à Dort, et que ce fut vers 1606.

PLANCHE V.

REMBRANDT (Van Rhin).

LE PRISONNIER EN COLÈRE; *peint sur toile; hauteur un mètre quatre-vingt-huit centimètres ou cinq pieds huit pouces; largeur un mètre vingt-six centimètres sept millimètres ou trois pieds dix pouces.*

L'histoire a fourni le sujet de ce tableau. Le trait historique qu'elle rappelle est peu connu. Il mérite d'être cité.

Jean II, comte d'Egmont, fut célèbre par sa bravoure. Dans les combats, il portait à son habit des sonnettes d'argent, dont le bruit indiquait aux siens la place où il se battait. L'empereur Sigismond, voulant récompenser ses qualités militaires, le créa comte et prince du Saint Empire. Il fut régent du duché de Gueldres et du comté de Zutphen pendant la minorité d'Arnoud son fils, à qui ils étaient échus en héritage. Il lui ménagea en outre une alliance avantageuse avec la famille d'Alphonse IV, comte de Clèves, dont la fille, âgée de huit ans, fut promise à Arnould, alors âgé de quatorze. Ces projets de fortune n'eurent pas le succès que d'Egmont s'en promettait. Arnould fut le plus infortuné des pères et des époux. Catherine de Clèves le traita avec une hauteur sans égale; et fière de sa naissance, joignit le mépris aux outrages, pour l'époux dont le sang, à son avis, le rendait indigne de sa main; il eût cependant cinq enfans de cette

REMBRANDT.

LE PRISONNIER EN COLÈRE.

mégère. Adolphe, le second de ses fils, devint l'héritier présomptif de son père, par la mort de son frère aîné. Ce fils dénaturé embrassa la haine injuste de sa mère, et conjura contre son père.

Après avoir semé contre Arnould les bruits les plus odieux, il pénétra, pendant une soirée d'un hiver rigoureux, dans la chambre de son père, se saisit de sa personne, et le fit traîner nu pieds et presque sans vêtemens à cinq lieues de là, au château de Buren, où il le fit enfermer dans un cachot. Jean I, duc de Clèves et beau-frère de Arnould, instruit de cet attentat, déclara la guerre à ce parricide. Le pape Paul II et l'empereur Frédéric III, s'entremêlèrent dans cette affaire, et déterminèrent Charles le Téméraire, duc de Bourgogne, à citer devant lui, Adolphe son vassal, pour rendre compte de sa conduite. Adolphe était beau-frère de Charles; ils avaient épousé les deux filles de Charles I.er, duc de Bourbon; il était en outre, chef de l'ordre de la toison d'or; fort de ces titres divers, il refusa d'obéir. Cependant, craignant de s'y voir contraint, et comptant sur les intelligences qu'il s'était ménagées à la cour du duc de Bourgogne, il comparut en 1470 à Dourlens, et y fit conduire son père; ils furent entendus l'un et l'autre en présence du conseil. L'infortuné Arnould, chargé d'ans, d'infirmités et de misère, plaida lui-même sa cause; et s'abandonnant à son ressentiment profond, demanda que le duel lui fut adjugé contre son indigne fils; le duc de Bourgogne s'y refusa, et proposa un traité entre les parties, dont les conditions étaient presque toutes à l'avantage d'Adolphe. Il les rejeta avec orgueil, en disant que son père était duc depuis quarante-quatre ans, et qu'il était bien juste qu'il lui cédât sa place.

Sur ces entrefaites, la guerre éclata entre Louis XI, roi de France, et le duc de Bourgogne, et la décision de ce grand procès fut différée. Adolphe, alarmé de la froideur que le duc lui témoignait, s'évada de Dourlens; poursuivi et arrêté sur la route de Namur, il fut conduit à Vilvorde et de là à Courtray, où il fut renfermé. Son père fut rétabli dans ses honneurs et dans ses dignités, et vendit le duché de Gueldres au duc de Bourgogne.

C'est après cette vente que Rembrandt a supposé l'entrevue entre le père et le fils qu'il a représentée dans ce tableau. Le fils prisonnier laisse éclater sa fureur contre son père, que l'on aperçoit derrière les barreaux de la fenêtre de la prison. Il le menace encore dans les fers, et semble lui reprocher le démembrement de ses états.

Le trait historique que rappelle ce tableau, fait son principal mérite. L'expression d'Adolphe est outrée, et Rembrandt est ici au-dessous de sa réputation dans l'entente du clair obscur et de la vérité de la couleur.

La plus belle gravure connue de ce tableau est celle de G. F. Schmidt; elle est infidelle cependant. Il a supprimé les deux pages que l'on voit dans l'original. En cela il a blessé la vérité historique. Le duc de Bourgogne entretenait son prisonnier avec magnificence, et tout, jusqu'aux habits qu'il lui fournissait, tout était somptueux, et Rembrandt était fondé à entourer ce personnage d'un grand éclat.

Je terminerai cet article par une réflexion bien juste de M. Morel d'Arleu : on ne saurait trop, dit-il, s'élever contre la licence que prennent les graveurs, de défigurer les compositions des peintres, soit en changeant les proportions relatives du tableau, soit en supprimant ou ajoutant des accessoires et même quelquefois des figures, soit enfin en altérant le goût du dessin et l'entente de l'effet particulier du maître. C'est un attentat contre la réputation pittoresque des artistes qu'ils mettent à contribution. Ils échapperaient au reproche, si en pareil cas ils substituaient aux mots *N. pinxit* ou *N. invenit*, ceux-ci : *imitation libre du tableau de N.*.

Ce tableau est dû aux conquêtes de 1806.

PLANCHE VI.

ACHILLE. — STATUE.

CETTE superbe figure du genre héroïque, est entièrement nue. Les antiquaires ont cru y reconnaître le portrait d'Achille, non pas par le casque dont sa tête est couverte, mais à cause d'une espèce de cercle ou anneau, que l'on aperçoit à sa jambe droite. Ils ont supposé que c'était par là que Thétis sa mère le tenait lorsqu'elle le plongea dans le Styx pour le rendre invulnérable.

Cette statue est l'un des plus beaux monumens qui nous restent de l'antiquité : elle faisait l'ornement de la Villa Borghèse, d'où elle est sortie pour entrer dans le Musée Napoléon.

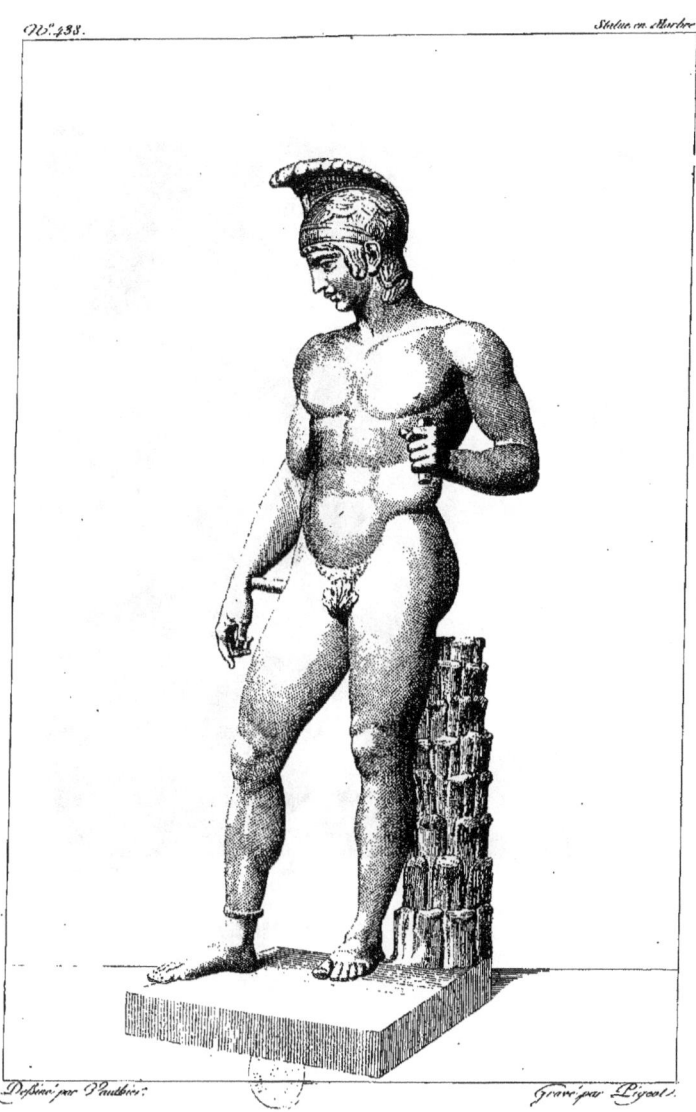

ACHILLE.

CORREGE.

Nº 489.   Ecol. Itali.ne

Des.é par Dumay.   Gra.é à l'eau-forte p. Quevedo.   Ter.é par Massard p.

LE MARIAGE DE S.ᵀᴱ CATHERINE.

EXAMEN DES PLANCHES.

SOIXANTE-QUATORZIÈME LIVRAISON.

PLANCHE PREMIÈRE.
CORRÈGE (ANTONIO ALLEGRI dit LE).

LE MARIAGE DE SAINTE CATHERINE; *peint sur bois; hauteur un mètre vingt-deux centimètres ou trois pieds huit pouces; largeur un mètre vingt-deux centimètres ou trois pieds huit pouces.*

En décrivant la planche 380, qui se trouve dans la soixante-quatrième livraison de notre ouvrage, nous avons donné un sommaire de la vie de Sainte Catherine. Il nous paraît donc inutile de revenir aujourd'hui sur cet objet, en parlant du tableau dont nous allons nous occuper.

Le Corrège a voulu représenter le mariage de Sainte Catherine avec le Sauveur du monde. Voici comme il a conçu et composé cette scène. La Vierge est assise; elle tient sur ses genoux l'enfant Jésus. Sainte Catherine est debout devant elle. Sa main gauche est appuyée sur une roue. L'on sait que ce fut l'instrument de son martyre. Elle présente à Jésus sa main droite, que la Vierge soutient avec complaisance. L'enfant s'est saisi du quatrième doigt de la Sainte, et se dispose à l'orner de l'anneau nuptial. Le personnage que l'on voit debout derrière Sainte Catherine, est Saint Sébastien. L'hilarité et l'attendrissement sont peints sur sa figure. Il contemple cette union mystérieuse du Rédempteur avec une simple mortelle, et tient dans ses mains quelques-unes des flèches dont il fut percé par ordre, dit-on, de Dioclétien. L'histoire

Sainte veut qu'il fût l'un des favoris de cet Empereur et capitaine de ses gardes. Dans le fond du tableau et sur un plan plus élevé, le Corrège a esquissé l'instant du martyre de ce Saint, et plus loin une jeune fille suppliante et poursuivie par un homme à cheval. On croit que c'est un épisode du martyre de Sainte Catherine.

Les époques différentes où vécurent Sainte Catherine et Saint Sébastien rendent assez singulier le rapprochement de ces deux personnages dans le même tableau. Il est présumable que le Corrège l'exécuta pour quelque famille dont les chefs avaient pour patron cette Sainte et ce Saint.

Les caractères de têtes ont ici un rapport particulier avec celles des plus célèbres productions de ce grand peintre, telles par exemple que l'Antiope et le Saint Jérôme. Il est évident qu'il exécuta celle-ci lorsqu'il était dans la plus grande force de son admirable talent. Au reste, cette répétition des mêmes physionomies dans plusieurs de ses ouvrages, prouve également qu'il prenait alors ses modèles soit dans le sein de sa propre famille, soit parmi d'autres personnes qui lui étaient chères.

Quoiqu'il en soit, ce tableau doit être considéré comme l'un des chefs-d'œuvres de ce peintre enchanteur. Il rappelle tout ce qu'il exécuta de plus capital et pour le coloris et pour la grâce. L'expression de la Sainte Catherine réunit dans un degré supérieur la naïve candeur d'une Vierge, la timide modestie d'un jeune néophyte, et la satisfaction touchante d'un cœur pur et religieux. Avec quelle bonté la mère de Jésus la soutient, sans nuire cependant à cette attention maternelle qui la porte à veiller sur les mouvemens de son enfant! La manière dont ces trois mains se trouvent réunies, est un miracle de la difficulté vaincue. On sent qu'il était presqu'impossible de les ajuster ainsi sans tomber dans la confusion et sans présenter un effet désagréable; et cependant toutes trois sont charmantes; et s'il était possible de les détacher du tableau, elles suffiraient seules pour faire deviner le motif dont sont animées les figures à qui elles appartiennent.

Il faut en convenir, le Corrège est de tous les peintres celui qui a rendu avec le plus de délicatesse, d'ame et de sentiment, les sensations, par ce grand art de faire coincider l'expression des figures avec les mouvemens des mains. Quel rapport! quelle unité! quelle grande manière de faire entendre au spectateur les passions dont les personnages sont animés!

St. BRUNO EN PRIÈRE.

Mengs, dans le second volume de ses œuvres, parle de ce tableau, et nous apprend qu'il fut donné, ainsi que deux gouaches du même auteur, que possède aussi le Musée, par le cardinal Barberini au cardinal Mazarin. Après la mort de ce ministre, ils passèrent dans la collection des rois de France. « Ce bel ouvrage, dit Mengs, a toujours été dans la plus grande estime, ainsi que cela est prouvé par le grand nombre de copies qui en ont été faites, dont quelques-unes même par des maîtres célèbres ». Cette seule phrase démontre que Mengs n'avait pas vu ce tableau, qu'il n'en a jugé que sur des copies, par des oui-dire, ou peut-être d'après la description qu'en donne Épicié ; sans cela il ne se serait pas borné à un éloge aussi sec et aussi fugitif en parlant de cet ouvrage admirable.

Quand à Vasari, il faut qu'il lui ait été parfaitement inconnu, car on ne le trouve point dans l'énumération qu'il fait des tableaux du Corrège.

PLANCHE II.

LE SUEUR (Eustache).

SAINT BRUNO EN PRIÈRE ; *peint sur toile, hauteur deux mètres ou six pieds, largeur un mètre trente-trois centimètres deux millimètres ou quatre pieds.*

Ce tableau, qui fait partie de la belle collection connue sous le nom Cloître des Chartreux, est le quatrième dans l'ordre historique. Il vient immédiatement après celui où Le Sueur a représenté le chanoine Raymond se levant de son cercueil pour la troisième fois, et déclarant à haute voix qu'il vient d'être condamné par un juste jugement de Dieu. Le Sueur, en faisant succéder le tableau que nous publions aujourd'hui à celui de la résurrection momentanée de Raymond, a eu sans doute intention de représenter la situation d'esprit où s'est trouvé Saint Bruno après avoir été témoin d'un semblable évènement, et d'indiquer que c'est au pied du crucifix qu'il s'est empressé de porter son effroi et les réflexions religieuses que lui ont inspiré un phénomène de cette espèce.

Ce peintre, grand poète et penseur profond, a entouré ici Saint Bruno de la solitude et du silence. Il est à genoux et les bras croisés sur sa poitrine. Ses yeux sont fermés, sa tête est à demi-penchée. Un crucifix, une tête de mort, un simple tapis, décorent seuls l'autel de son oratoire. L'expression de la tête de Saint Bruno est admirable. Son ame est entièrement absorbée dans la méditation. On reconnaît sur sa figure l'impression profonde qu'a fait en lui l'évènement récent dont sa mémoire est encore frappée, et sa résignation sans bornes à la volonté de Dieu. Ce tableau exerce une sorte de puissance magique sur ceux qui s'arrêtent à le contempler; on partage insensiblement les sentimens de piété qui respirent dans cette belle figure, et quand on s'en éloigne, l'on est long-tems encore dans l'impuissance de secouer le recueillement dans lequel la vue de ce chef-d'œuvre vous a plongé.

Dans le fond du tableau, savamment éclairé par un effet de lumière dont la clarté vive et brillante rend plus mystérieuse encore la solitude du Saint, et ajoute à la vérité comme à l'harmonie de cette scène, dans ce fond, dis-je, on aperçoit deux hommes qui, sans appareil, sans pompe et sans témoins, déposent, dans la fosse, le corps du chanoine Raymond; épisode ingénieux dont le peintre s'est servi pour éloigner toute incertitude sur le véritable motif de la méditation de Saint Bruno.

Un seul personnage, étranger à toute espèce de distraction, immobile pour ainsi dire, occupe cette scène, et cependant ce tableau est l'un des plus remarquables, des plus beaux, des plus attachans de cette précieuse collection; tant il est vrai que la naïveté, la simplicité, le sentiment, sont les principales qualités que l'on doit rechercher dans les arts, et celles qui distinguent éminemment l'homme de génie. A ces dons heureux de la nature, Le Sueur a su réunir ici la noblesse et l'élégance. Rien de plus heureux que cette pose; rien de plus noble et de plus gracieux, tout à-la-fois, que la manière dont ce vêtement monacal est drapé. Quelle légèreté! quel accord! quelle science dans les vastes plis de ce manteau dont l'ampleur se déroule et se développe avec tant de grâce et de souplesse sur le marbre! Le Sueur est le peintre par excellence de la vie vraiment religieuse. Il fait aimer la dévotion, parce que la dévotion qu'il peint, entièrement dégagée du monde, n'a que Dieu pour objet.

Il est inutile de rappeler que ce beau tableau fait partie de ceux qui décorent la galerie du Luxembourg.

LA LEÇON DE CHANT.

PLANCHE III.

NETSCHER (GASPARD).

LA LEÇON DE CHANT; *peint sur bois, hauteur quarante-neuf centim. trois millimètres ou dix-huit pouces; largeur trente-huit centimètres sept millimètres ou quatorze pouces.*

DANS un salon richement orné, et dont une fenêtre ouverte laisse apercevoir un jardin, une jeune dame se dispose à prendre une leçon de musique. Derrière elle, debout et appuyée sur le dos de sa chaise, on voit une de ses amies ou de ses parentes en habit du matin. Le professeur, qu'une table ne laisse voir qu'à mi-corps, tient un sistre d'une main et de l'autre un rouleau de papier dont il usera sans doute pour indiquer la mesure. Il a devant lui un livre de musique ouvert et semble donner le ton à cette dame qui écoute, et tient le morceau qu'elle se propose de chanter. Sur la table, que recouvre un tapis somptueux, on aperçoit des pêches et des raisins dans des soucoupes de porcelaine. Sur le devant, on remarque une grande cuvette de cuivre, dans laquelle on a mis des flacons à rafraîchir.

Dans le fond, une niche pratiquée dans le mur contient un groupe en sculpture. C'est un homme ou un dieu de la fable enlevant une jeune femme. Le dessinateur a eu l'attention de donner ici plus d'apparence à la tête du ravisseur, qui, dans le tableau, est dans une position trop expressive.

Ainsi que toutes les productions de cet habile artiste, ce tableau est d'une vérité et d'une couleur charmantes. Nous avons donné son pendant sous le N.º 411. L'un et l'autre sortent de la collection d'Amédée de Savoie, et se trouvaient, avant la révolution, dans la collection des tableaux de la couronne.

PLANCHE IV.

RUISDAEL (JACQUES).

UN PAYSAGE ; *peint sur toile, hauteur un mètre dix-sept centimètres ou trois pieds trois pouces; largeur un mètre quarante-un centimètres deux millimètres ou quatre pieds trois pouces.*

Le site de ce paysage est agreste, tel que ceux qui forment communément les lisières des forêts. On aperçoit, sur le premier plan, un chêne touffu, antique et colossal ; à gauche, sur une colline, une petite ferme ; à droite quelques maisons situées à l'extrémité d'un village, et dans le fond, des bois épais.

Au pied de ce grand chêne, qui paraît être une étude de Ruisdael, il a placé une femme assise et qui semble réfléchir; les petites dimensions qu'il a données à cette figure, font présumer qu'il a voulu par-là indiquer l'échelle de cet arbre vraiment gigantesque.

Quelques autres petites figures animent encore ce tableau; elles sont également de la main de Ruisdael : circonstance remarquable parce qu'elle se rencontre rarement dans les productions de ce peintre. On sait qu'il était dans l'usage de faire faire les figures de ses tableaux par Adrien Van-den-Veldt et Wouwermans.

Ce joli tableau est dû aux conquêtes de 1806.

PLANCHE V.

DOW (GÉRARD).

PORTRAIT DU PEINTRE GÉRARD DOW ; *peint sur bois, hauteur vingt-sept centimètres ou onze pouces six lignes; largeur vingt-un cent. trois millimètres ou huit pouces.*

Il est présumable que cet habile artiste s'est plu à se peindre lui-même à différentes époques de sa vie. Le portrait que nous publions aujourd'hui

UN PAYSAGE.

LE PORTRAIT DE G. DOW.

est d'un âge plus avancé que celui gravé par Fiquet, et que l'on voit dans l'œuvre de Descamps.

Ici Gérard Dow est vu à mi-corps devant une fenêtre; il tient dans la main gauche une palette et des pinceaux; la main droite est négligemment appuyée sur le rebord de la fenêtre. Il est coiffé d'une toque assez semblable à celles que portent encore au théâtre les Scapin et les Skrigani. Ses cheveux descendent sur ses épaules. Il est vêtu d'une robe fourée, et porte par dessous une veste ou pourpoint à moitié déboutonné. Il semble avoir pour un moment quitté le travail, et regarder quelque scène extraordinaire.

Il règne sur cette figure un caractère de bonté et de bonhommie qui la rend aimable, sans que l'embonpoint nuise à une sorte de finesse spirituelle qui se fait remarquer surtout dans les yeux.

Gérard Dow avait en effet beaucoup d'esprit. Ses dispositions pour la peinture se développèrent pour ainsi dire dès le berceau. Fils d'un vitrier, son père le plaça, à l'age de neuf ans, chez un graveur nommé *Bartholomé Dolendo*, pour apprendre le dessin, et six mois après chez *Pierre Kouwhoorn* peintre sur verre. En deux ans de tems le jeune Gérard devint le plus habile des peintres de ce genre, et pendant l'espace de quatre ans il enrichit son père. Il entra ensuite dans l'école de Rembrandt.

Peu de peintres ont porté plus loin la patience et la délicatesse du pinceau. Ces deux qualités dégénérèrent en défaut; son extrême attention à finir ses ouvrages, le rendit minutieux à l'excès. La lenteur qu'il mettait à terminer les portraits dont il se chargeait, transformait en supplice la gloire que l'on se proposait en se faisant peindre par lui. Il poussait jusqu'au ridicule l'attention qu'il mettait à ce que rien ne pût altérer ses couleurs. Non-seulement il les broyait et les préparait lui-même, mais il faisait aussi ses pinceaux et ses palettes, et renfermait le tout dans une boîte qui ne sortait jamais de son atelier dont les fenêtres étaient hermétiquement fermées pour ne laisser aucun accès à la poussière. Il n'y entrait que le plus doucement qu'il pouvait; s'asseyait, restait long-tems immobile, et lorsqu'il était certain que le plus léger grain de poussière ou le moindre duvet ne flottait plus dans l'air, il ouvrait la boîte avec précaution, en tirait lentement ses instrumens, et alors seulement il se mettait à travailler. Il est bien difficile que tant de puériles attentions ne nuisent pas au génie, ou du moins ne le réfroidissent pas. On ne peut nier cependant que cet habile et précieux artiste n'en eût beaucoup.

PLANCHE VI.

HERMAPHRODITE.

La fable veut qu'Hermaphrodite fut fils de Mercure et de Vénus. Cet enfant fut élevé dans les antres du mont Ida par les Naïades. Il réunissait sur sa figure les traits de son père et la beauté de sa mère. Un jour il s'arrêta près d'une fontaine dont l'eau limpide et paisible l'invita à se baigner. La naïade, protectrice de cette fontaine, s'enflamma pour ce jeune homme, et n'ayant pu parvenir à s'en faire aimer, elle pria les dieux d'unir tellement leurs corps que désormais ils n'en fissent plus qu'un qui conservât les deux sexes. Hermaphrodite, de son côté, pria les immortels d'étendre cette faveur à tous ceux qui, dans la suite, se baigneraient dans cette même fontaine. *V. Dictionnaire de la fable*, de Noël.

La statue que nous publions ici n'est qu'une répétition antique du célèbre Hermaphrodite Borghèse, que nous ferons connaître dans la suite à nos lecteurs. Cette répétition sort de la collection Braschi à Rome.

JÉSUS CHRIST AU TOMBEAU.

EXAMEN DES PLANCHES.

SOIXANTE-QUINZIÈME LIVRAISON.

PLANCHE PREMIÈRE.

SARTO (École d'André del).

LE CHRIST AU TOMBEAU; *peint sur bois; hauteur un mètre cinquante-sept centimètres ou quatre pieds neuf pouces; largeur deux mètres ou six pieds.*

L'INSTANT que le peintre a choisi pour représenter cette scène, dont l'intérêt, le pathétique, la situation poétique et la célébrité sous le rapport de l'histoire, ont occupé les pinceaux de tant de maîtres illustres, cet instant, dis-je, est celui où le Christ expiré et descendu de la croix, vient d'être apporté à l'entrée de la grotte où son sépulcre doit être placé. Il est étendu par terre, et couché sur le linceul destiné à l'ensevelir. Joseph d'Arimathie, que l'on reconnaît aisément à son costume, à sa longue barbe, à ses cheveux touffus et aux instrumens dont il s'est servi pour détacher les clous qui tenaient les pieds et les mains du Sauveur attachés sur la croix, à genoux derrière le corps, l'a pris par dessous les bras, et le tenant à moitié soulevé, se dispose à l'entrer dans la grotte. C'est la seule figure qui agisse physiquement dans cette scène. Les autres acteurs ne sont occupés que de leur douleur, qu'ils expriment d'une manière différente, mais tous d'une façon conforme au caractère que leur prête l'écriture, et au rôle qu'ils jouent dans ce grand évènement. La mère de Dieu s'est évanouie, et est secourue par un des apôtres et une des saintes femmes. La Madelaine, dans l'excès de son désespoir, s'est précipitée par terre, et presse de son front les pieds de son divin maître, qu'elle inonde de ses larmes. On ne la reconnait qu'au désordre de ses longs cheveux, et à ce mouvement d'abandon si naturel et si ordinaire dans les affections profondes de la douleur. Saint Jean, le disciple bien aimé, pour ainsi dire accroupi sur le devant du tableau, abymé lui-même dans ses regrets, contemple avec attendrissement la piété profonde et l'amour fervent de cette femme aimante et malheureuse.

Telle est l'expression que l'habile homme, auteur de ce beau tableau, a donné à cet instant des pénibles et éternels adieux, qu'une mère, des parens, des amis, adressent à l'objet de leur tendresse : moment si douloureux pour toutes les familles, auquel nul homme sensible n'a jamais échappé, et dont la représentation rappelle aux spectateurs la perte d'un père ou d'un fils tendrement aimé, et fait saigner des blessures qu'il n'est point donné au tems de cicatriser jamais.

Cet ouvrage est capital; mais à qui le doit-on? C'est une question sur laquelle les connaisseurs ne sont point encore d'accord, et que nous sommes loin de vouloir décider, quoique nous l'indiquions pour appartenir à André del Sarto, ou tout au moins à son école. On sait qu'Æneas Vicus l'a gravé sous le nom de Raphaël, et sans doute d'après un dessin que possède aujourd'hui le Musée Napoléon. Ce tableau dut son admission dans la célèbre galerie du Musée, au mérite réel de son exécution, et à son admirable composition. En l'examinant avec attention, on croit y reconnaître le style et quelques-uns de ces caractères particuliers d'André del Sarto, que l'on retrouve dans plusieurs de ses ouvrages. On y remarque surtout plusieurs figures exécutées avec cette grâce si familière à ce peintre, et qui rentrent entièrement dans sa manière de peindre; mais aussi l'on y trouve des parties entièrement étrangères à son faire et à sa couleur. Ces diverses considérations, et l'incertitude résultante de ces contrastes, déterminèrent sans doute les anciens administrateurs du Musée à l'attribuer à Andrea Sguazella, qui, avec son camarade Nannoccio, passa en France sous le règne de François I.er, où ils suivirent l'un et l'autre André del Sarto leur maître. Les administrateurs du Musée fondèrent encore peut-être leur détermination sur une observation que fait Lanzi à l'article d'André del Sarto, dans le premier volume de son édition de Bassano, page 148.

« Andrea, dit-il, à l'imitation de Raphaël et des autres peintres de son siècle, se faisait aider dans ses ouvrages, soit par des peintres exercés dans son style, soit par ses élèves ou ses amis. Cette réflexion, ajoute Lanzi, n'est point inutile pour ceux qui, en examinant des tableaux d'André del Sarto, sont étonnés d'y reconnaître des pinceaux qui lui sont étrangers. »

Il ne serait donc pas étonnant, d'après cette observation de Lanzi, qu'Andrea del Sarto et son élève Sguazella eussent travaillés l'un et l'autre à ce tableau. Cet élève, qui avait déja de la réputation à Florence lorsqu'il en sortit, est mort selon toute apparence en France. Ce qu'il y a de certain, c'est qu'il ne retourna point en Italie avec son maître, lorsque celui-ci y fut rappelé par l'amour désordonné qu'il avait pour une femme peu digne de son attachement, et dont la conduite lui fit trahir si indignement la confiance dont le gouvernement français l'avait honoré; faute qu'il paya si cher, et par le deshonneur et par la misère.

Dans le fond de ce tableau, on aperçoit une grande ville, que la vérité historique porterait à nommer Jérusalem, mais que quelques voyageurs croient reconnaître pour Florence. Cette ville était la patrie de Sguazella, et cela viendrait encore à l'appui de l'opinion qui lui donne ce tableau.

Quoiqu'il en soit, l'auteur en est véritablement resté inconnu jusqu'ici, et l'on a dû remarquer, dans le courant de cet ouvrage, que nous nous sommes toujours défiés de nos propres connaissances, lorsqu'il s'est agi de prononcer sur l'origine d'un tableau, lorsqu'elle ne s'appuyait que sur des conjectures. Nous dirons cependant encore, et l'impartialité l'exige, qu'un connaisseur très-distingué, et dont plus d'une fois l'opinion a fait autorité, a cru reconnaître dans cet ouvrage le pinceau d'*Otto Venius*, maître de Rubens.

Avant la révolution, ce tableau appartenait à l'église de Notre-Dame de Villeneuve-sur-Yonne. Elle l'avait acquis il y a environ cinquante ans de la famille More-Le-Menu, moyennant la cession à perpétuité d'un banc. Cette famille en avait hérité de M. Belostier, colonel au régiment de Picardie. Il fut estimé dans son inventaire à la somme de 10,000 francs.

Ce tableau fut demandé à cette église pour entrer dans le Musée, et l'on donna pour le remplacer une Adoration des Bergers, de M. Ménageot, peintre vivant.

PLANCHE II.

DIETRICH (Christian Guillaume Ernest,) élève d'Alexandre THIELE, né à Weymar en 1712, mort à Dresde en 1774.

AGAR PRÉSENTÉE A ABRAHAM, *peint sur toile; hauteur un mètre ou trois pieds; largeur un mètre quarante-neuf centimètres ou quatre pieds six pouces.*

La Genèse rapporte que Sara, femme d'Abraham, après dix ans de séjour au pays de Chanaan, se voyant arrivée à un âge très-avancé, dit à son époux : « Vous savez que le Seigneur m'a mise hors d'état d'avoir des enfans. Prenez-donc, je vous prie, ma servante Agar. Elle la donna ainsi pour femme à son mari, qui en usa selon le désir de Sara, et en eut un fils nommé Ismaël. »

C'est l'instant de la présentation de cette femme égyptienne au Patriarche, que l'artiste a représenté dans ce tableau. La pantomime de chaque personnage est parfaite. Abraham est assis; son air est grave : il règne de la dignité dans son maintien. En acceptant cette nouvelle compagne, il n'affecte point une satisfaction offensante pour Sara. Il semble seulement se résigner noblement à la volonté du ciel, et son regard presque sévère ne s'occupe point des charmes d'Agar. Sara, appesantie sous le poids de l'âge, adresse la parole à son époux. Nulle contrainte, nul embarras, nul ressentiment de la disparution de sa jeunesse. Sa pose, sa contenance, son geste, tout est noble, décent, respectueux même ; c'est une démarche qu'elle fait de sa propre volonté, et qui ne laisse dans son ame ni inquiétude ni jalousie.

La jeunesse d'Agar contraste bien avec la décrépitude de sa conductrice. La décence, la modestie, la résignation, règnent sur sa figure. Ce n'est point une esclave qui obéit aux volontés d'un maître; ce n'est point une victime qui se sacrifie à une union qui répugne à son cœur, c'est une fille soumise à l'ordre des évènemens, et qui cède à l'accomplissement d'un mystère qu'elle ne conçoit ni n'examine.

AGAR PRÉSENTÉE A ABRAHAM.

UN ESTAMINET.

La parure d'Agar est aussi recherchée que singulière, et même excessive, et ne s'accorde guère avec la simplicité des mœurs patriarchales. On pourrait, avec la même raison, s'élever contre le faste des ameublemens de l'appartement où cette scène se passe. Ces fauteuils dorés, ces vastes rideaux, ces franges, ces tables couvertes de tapis de velours, ces candélabres, ces énormes coussins, tout cela contredit un peu les idées que nous nous formons de ces tems primitifs. Ces glaces surtout, sont le comble du ridicule, et l'on ne s'est jamais sans doute livré avec plus d'irréflexion à l'excès des anachronismes. Mais la description des tableaux est l'objet de notre ouvrage, et si nous relevions toutes les fautes de costume dont fourmillent les productions des peintres flamands, allemands et même italiens, nous quitterions le rôle d'historiens, pour celui de critiques. Il nous suffit simplement de les indiquer, pour l'intérêt de l'art et l'instruction des jeunes gens, parce que la vérité historique doit toujours être respectée.

Malgré ces défauts, on ne peut refuser à ce tableau de grandes beautés pittoresques. Dietrich avait un grand talent pour imiter Rembrandt et Gérard Dow; plusieurs de ses tableaux ont été attribués à ces artistes célèbres; cependant il est facile de reconnaître les siens à une certaine âpreté de touche qui lui est particulière.

Nous aurons plus d'une fois occasion de parler de cet artiste, et de faire remarquer que la grande facilité du pinceau ne constitue pas toujours un peintre, et que les plus belles productions des arts ne sont pas constamment les mieux peintes.

PLANCHE III.

OSTADE (ADRIEN VAN).

UN ESTAMINET; *peint sur bois; hauteur trente-trois centimètres trois millimètres ou un pied; largeur quarante-huit centimètres trois millimètres ou quinze pouces.*

LES habitués ordinaires d'un Estaminet de village, ont profité de la belle saison, et transporté sous une vaste treille les séances qu'ils tiennent ordinairement dans l'intérieur du cabaret; cette treille, fort élevée et très-touffue, ombrage de ses pampres le devant de la maison. Sur le premier plan, un villageois assis, tenant sa pipe d'une main, présente de l'autre un large *vidrecome* à un homme debout et couvert d'un petit manteau, qui tient un pot de bierre, et s'apprête à verser à boire à son camarade. Plus loin une grosse fermière dont l'opulence se reconnaît à sa fraise gaudronnée et à son habit étoffé, assise sur une chaise de paille, un bras négligemment appuyé sur le dos de la chaise, et l'autre sur le bord de la table, s'entretient familièrement avec un homme assis de l'autre côté de la table, et qui vient de quitter sa pipe pour lui répondre. Deux autres hommes, mais plus jeunes et debout, semblent prendre part à cette conversation. A gauche du tableau, un joueur de cornemuse amuse deux femmes que l'on voit à la fenêtre et un enfant assis dans l'herbe. Dans le fond et près d'un hangard, un homme et une femme ont l'air de se moquer d'un ivrogne qui boit à même d'une bouteille. Plus loin un valet ou jardinier, vu par le dos, s'enfonce dans un verger touffu.

Des bancs, des escabeaux, une table de bois, des linges mis à sécher sur des cordes, des ustensiles de ferme et de ménage brisés et épars, tels sont les meubles et les accessoires de cette scène rustique.

Ce joli tableau, d'un effet piquant et agréable, n'est pas cependant des plus beaux tems de son auteur. Il provient des conquêtes de 1806.

PLANCHE IV.

CARRACHE (ANNIBAL).

LA PRÉDICATION DE SAINT JEAN; *peint sur toile; hauteur trente-huit centimètres huit millimètres ou quatorze pouces; largeur cinquante-un centimètres huit millimètres ou dix-neuf pouces.*

SAINT JEAN est assis à l'entrée d'une grotte profonde creusée par la nature, au pied d'un énorme rocher. Cette grotte est son asile ordinaire dans le désert où il s'est retiré : il est entouré de quelques auditeurs. Ce sont des Israélites qu'il invite à faire pénitence, et auxquels il annonce la venue prochaine du Messie.

Ces auditeurs sont des personnages de tout sexe et de tout âge. Tous ne sont pas également affectés des vérités qu'il leur annonce, ni également sensibles aux conseils qu'il leur donne; si les uns l'écoutent avec des sentimens de crainte et de respect, d'autres ne témoignent que de l'éloignement pour lui, et du mépris pour ses paroles.

LA PRÉDICATION DE St JEAN DANS LE DÉSERT.

PORTRAIT D'HOMME.

A la gauche du tableau et sur le premier plan, on aperçoit un grand arbre qui ombrage les rives du Jourdain, et un peu plus loin deux bateliers qui traversent le fleuve à la rame, et conduisent, dans leur bateau, un homme, qui, sans doute, va se mêler aux auditeurs de Saint Jean.

Ce tableau est remarquable par le *grandiose* du paysage et par la beauté des figures dont il est enrichi. Toutes joignent la pureté du dessin à la vérité de l'expression.

PLANCHE V.

TITIEN (Tiziano Vecellio, dit le)

PORTRAIT D'HOMME; *peint sur toile, hauteur un mètre cinq centimètres trois millimètres ou trois pieds deux pouces ; largeur quatre-vingt-deux centimètres six millimètres ou deux pieds six pouces.*

L'on ignore le nom du personnage que le Titien a représenté dans ce tableau; mais il est évident que c'est ici le portrait de l'un de ces braves Vénitiens, militaires et hommes d'état tout à-la-fois qui, dans le commencement du seizième siècle, soutinrent les efforts du Croissant. L'on reconnaît également dans la gravité de ce personnage, le caractère soupçonneux et sévère de ces magistrats qui, sans appareil de puissance, faisaient trembler et contenaient les esprits inquiets, turbulens et factieux par la célérité et le mystère de leur justice répressive.

Cet homme est vêtu de noir et à l'espagnole. Il porte une cuirasse sous son habit; appuyé contre le pilastre d'un édifice, il a la main posée sur le pommeau de son épée. Il semble regarder du haut des degrés du palais Dogal la populace masquée qui s'agite dans la place, et étudier si, dans cette foule, son œil ne discernera pas quelque ennemi de la chose publique.

Ce tableau faisait partie de ceux qui formaient jadis la collection de la couronne. C'est à tort que Lépicié l'indique sous le titre de : *Portrait d'un Vieillard*. Cette figure est celle d'un homme de 45 ans au plus.

Le Cardinal Mazarin, pendant son séjour à Rome, acquit ce tableau de la Marquise Sanesi. A la mort du Cardinal, il fut acheté de ses héritiers, pour la collection des Rois de France.

PLANCHE VI.

LE FAUNE A L'ENFANT, ou SILÈNE TENANT LE JEUNE BACCHUS.

Voici l'une des plus belles statues que l'antiquité nous ait laissées. Ce chef-d'œuvre fut déterré très-anciennement dans les jardins qui appartinrent à Saluste, et ont retenu son nom. Les premiers antiquaires qui l'étudièrent prétendirent y reconnaître Saturne portant Jupiter enfant. Mieux examinée depuis, elle a reçu une dénomination plus juste et plus conforme à la vérité. Les deux personnages ont la tête ceinte de pampres et de raisins, attributs distinctifs de Silène et de Bacchus.

Ce monument a tous les caractères de la plus belle époque des arts chez les Grecs. Il ornait depuis long-tems la huitième salle de la Villa Borghese. Il est célèbre dans les arts par son élégance, par la beauté des jambes, regardées justement comme les plus parfaites quand il s'agit d'un homme âgé. Elles seront toujours considérées comme le type de la perfection en ce genre. Silène est plongé dans une douce ivresse. L'expression de la tête et de son regard est pleine de bonté.

On gémit en remarquant les graves dommages que cette admirable statue a éprouvé en traversant les ages. Les restaurations qu'elle a subi lors de son excavation, sont loin d'avoir été faites avec le soin et l'attention qu'un semblable monument exigeait. Pour recouvrir les parties dégradées, l'on a eu la mal-adresse de les surcharger d'un stuc et d'une patine, qui appésentissent la légèreté des formes.

Winkelman nous apprend que deux imitations de cette statue ornaient le palais Ruspoli. Cela prouve l'estime où elle était chez les anciens.

Elle est exécutée en marbre grec très-fin, connu des marbriers sous le nom de coralitique.

Le titre de *Faune à l'Enfant* qu'on lui donne dans les arts est fautif, celui de *Silène tenant le jeune Bacchus* est le seul qui lui convienne. Nous n'avons employé le premier que pour nous conformer à l'usage qui s'est introduit dans la curiosité.

LE FAUNE A L'ENFANT.

VÉNUS ET VULCAIN.

EXAMEN DES PLANCHES.

SOIXANTE-SEIZIÈME LIVRAISON.

PLANCHE PREMIÈRE.

JULES ROMAIN.

VÉNUS ET VULCAIN; *peint sur bois; hauteur trente-huit centimètres six millimètres ou quatorze pouces; largeur vingt-quatre centimètres ou neuf pouces.*

Le grand peintre, auteur de ce tableau, semble avoir voulu représenter l'un de ces instans d'intelligence conjugale qui se répétaient rarement entre la déesse de la beauté et son époux. Vulcain a pour un moment abandonné ses forges, que l'on aperçoit dans le fond du tableau. Il est assis, et porte sur son épaule un faisceau de traits. De son bras gauche il embrasse amoureusement Vénus, qui s'amuse à placer des flèches dans le carquois de l'Amour. Trois jolis enfans semblent combiner leurs petites forces pour supporter un vase plein de fleurs; ils sont à côté de Vénus, qui, d'une main distraite en apparence, saisit ces fleurs, dont elle va sans doute couvrir les traits dont elle dote son fils; ingénieuse allégorie qui rappelle ce vieux proverbe: *A côté de la peine se trouve le plaisir.* L'amour ne laissera pas aux armes que sa mère lui confie le tems de se rouil'er. Déjà il tend son arc, et se dispose à en faire usage. Zéphire est devant lui et lui place un papillon sur la tête. On pourrait croire que, par cette figure d'enfant que l'on voit sur le devant du tableau, le peintre a voulu figurer le fils de Mars et de Vénus, Antèros, que les anciens appelaient le *Faux* ou le *Contre-Amour*. Son carquois rempli de traits est par terre devant lui. Il s'efforce, comme son frère, de tendre son arc; mais si les traits de l'amour sont d'or, ceux d'Antèros sont de plomb; ils ne causeront que de funestes blessures. Ce sont les traits de la Vengeance. On reconnaît cet enfant à l'espèce de joie féroce dont brillent ses regards. Il eut des autels à Athènes, où on l'honorait comme le vengeur des amours méprisés ou malheureux.

Ce tableau rentre dans les sujets érotiques ou anacréontiques. Il exigeait par conséquent la réunion de tous les charmes de la couleur, de la grâce et de la finesse; mais ces belles parties de la peinture n'étaient pas le partage de Jules Romain. Ce grand peintre, l'un des hommes le plus justement célèbre de la belle époque de l'art, quoique élève et ami de Raphaël, avait, comme on le sait, plus de propension pour le style de Michel-Ange, que pour celui de son maître; et personne n'ignore que tout ce qui constitue la grâce et l'amabilité, était non-seulement étranger, mais encore odieux à Bonaruotti. L'unique tort de Jules Romain est donc ici dans le choix du sujet. Il eût dû réfléchir qu'il lui serait impossible d'assouplir assez, si j'ose le dire, la dignité de son talent sublime, pour le forcer à donner à ce sujet cette aménité, cette suavité, cette magie *cithéréenne* qu'il exige. Il ne faut donc pas se plaindre de ce qui manque à ce tableau pour plaire; ce serait reprocher au grand Corneille de n'avoir pas su toucher la lyre de Bernis. Ce tableau étonne plus qu'il n'attache. Il surprend, tandis qu'il devrait plaire. Son coloris, son grandiose, se rapprochent trop de la Chûte des Titans, cet immortel chef-d'œuvre dont Jules Romain illustra le palais du T, à Mantoue; et le tableau que nous venons de décrire, est par ses défauts même un témoignage de plus de l'élévation du talent de son auteur. Il justifie du moins cet adage:

> Ne forcez point votre talent,
> Vous ne feriez rien avec grâce.

Le Musée Napoléon possède un dessin à la plume de même grandeur, que Jules Romain fit de ce tableau, et que l'on voyait depuis long-tems dans l'ancienne collection des rois de France.

LA VIERGE ET L'ENFANT JESUS.

PLANCHE II.

CARRACHE (Louis), né à Bologne en 1555, mort en 1619.

LA VIERGE ET L'ENFANT JÉSUS; *peint sur bois; diamètre quatre-vingt deux centimètres ou deux pieds six pouces.*

L'AUTEUR de la description des tableaux de la couronne, en parlant de celui-ci, s'exprime ainsi :

« Je ne crois pas que l'on puisse rien voir de plus gracieux que la
» tête de la Vierge. Cette tendre mère, la main droite appuyée sur un
» livre, soutient de la gauche l'Enfant Jésus, dont la figure est admi-
» rable pour le beau pinceau et le charme du coloris ».

Cet éloge est fondé sur la justice et la vérité, et n'a rien d'exagéré. Cette *Madone* tient et tiendra toujours une place distinguée parmi les plus précieux tableaux de ce genre que possède le Musée Napoléon. Elle réunit au grand caractère de dessin, familier à l'école des Carraches, la grâce du Corrège, et Louis semble ici s'être inspiré de toute l'amabilité *corrégienne* pour peindre l'Enfant Jésus.

Louis était l'aîné d'Annibal et d'Augustin Carrache, ses cousins germains. Quelques écrivains ont avancé qu'il fut leur maître dans l'art de la peinture; ce qui paraît assez invraisemblable, parce que la différence d'âge entr'eux n'était pas assez grande pour admettre une pareille suprématie dans l'instruction. Louis naquit en 1555, Augustin en 1557 et Annibal en 1560. Quoiqu'il en soit, ce triumvirat a rendu le nom de Carrache immortel; et ce fut à lui que les arts durent la fondation, à Bologne, de l'académie *Degli desiderosi*, nom que remplaça bientôt et bien justement celui des fondateurs de cette académie.

Louis visita successivement Venise, Florence, Parme et Mantoue, et étudia en conséquence les ouvrages du Titien, de Paul Véronèse, d'André del Sarto, de Jules Romain et du Corrège. Un sentiment de prédilection le porta à imiter surtout ce dernier. Moins animé que les deux autres Carrache, il suppléa à l'enthousiasme par la grâce et le grandiose. Reynolds le regarde comme un modèle dans le style. « C'est
» le peintre, dit-il, qui dans ses meilleurs ouvrages semble approcher

» le plus de la perfection dans cette partie. Ses jours et ses ombres,
» larges sans affectation ; la simplicité de son coloris qu'il ménage avec
» intelligence, sans distraire les regards de l'objet dont ils sont occu-
» pés; l'effet imposant du demi-jour répandu sur toutes ses produc-
» tions, conviennent mieux, selon moi, aux sujets graves et majestueux,
» que ce brillant plus factice de la lumière du soleil dont le Titien
» a éclairé ses ouvrages ». En rapportant ce passage, notre unique
intention est de faire connaître l'opinion d'un connaisseur distingué
sur le mérite de ce grand peintre, sans vouloir en faire induire que
nous le partagions dans son entier, et peut-être serait-il beaucoup de
réflexions raisonnables à opposer par exemple à ce rapprochement
entre le style du Carrache et celui du Titien.

Mais ce que l'on peut avancer, sans craindre d'éprouver des contra-
dictions, et ce que l'on ne doit point oublier, parce que cette circonstance
ajoute un éclat de plus à la gloire de Louis et de ses cousins, c'est
que, nés de parens peu riches, ils songèrent beaucoup plus à la gloire
de l'art, qu'à l'accroissement de leur fortune, et qu'ils furent parmi
les artistes justement célèbres, ceux qui sentirent le plus vivement et
soutinrent le mieux la dignité de leur profession : exemple malheureusement trop rarement suivi.

Le beau tableau qui fait le sujet de cet article, fut acquis par la
France à la vente de la collection du prince de Carignan. La direction
du Musée Napoléon l'a fait graver depuis peu de tems par M. Roger.
Cette gravure se vend à la Calcographie du Musée.

PLANCHE III.

DOW (GÉRARD.)

LA CUISINIÈRE HOLLANDAISE, *peint sur bois, hauteur vingt-six centimètres sept millimètres ou dix pouces; largeur vingt-un centim. cinq millimètres ou huit pouces.*

Une bourgeoise, ou si l'on veut une cuisinière hollandaise, revient du marché. Cette femme est jeune et jolie. Elle se dispose à suspendre à un clou placé en dehors d'une fenêtre, un coq qu'elle vient de

LA CUISINIERE HOLLANDAISE.

LA MORT D'ABSALON.

rapporter. Elle s'appuie sur un grand vase de forme ronde, en cuivre, dont le pied, le bord supérieur et l'anse, sont artistement travaillés; une grande bouilloire renversée, un chandelier et une cage, voilà ce qui constitue cet ouvrage.

Il n'a pas fallu, sans-doute, un grand effort d'imagination pour trouver et arranger cette composition; mais tel est, dans tous les genres, le charme attaché à la perfection et la puissance qu'elle exerce sur les esprits, que ce petit tableau, si simple en apparence, attire, intéresse, et plaît tout à-la-fois. Cette jeune hollandaise, blonde, douée de la plus belle carnation, attache par sa fraîcheur; on se réjouit pour ainsi dire de sa santé brillante. L'œil parcourt avec volupté son vêtement plus décent que recherché, et l'on aime à reconnaître, dans tout ce qui l'entoure, cette extrême propreté si familière à sa nation, et le seul des usages, peut-être, dans lequel l'excès n'est jamais blâmable.

Ce charmant tableau fut acquis, pour la collection des rois de France, peu de tems avant la révolution.

PLANCHE IV.

CARRACHE (Annibal).

LA MORT D'ABSALON; *peint sur cuivre; hauteur quarante-quatre centimètres ou seize pouces; largeur trente-quatre centimètres six millimètres ou douze pouces six lignes.*

ABSALON, le prince le plus célèbre de son tems par les agrémens de la figure, se révolta contre David son père, et le força de sortir de Jérusalem. Le roi fit marcher contre son fils rebelle une armée, dont il confia le commandement à Joab. L'Ecriture rapporte que :
« L'armée d'Absalon ayant été taillée en pièces par celle de David dans
» la forêt d'Ephraïm, Absalon prit la fuite pour se soustraire à la
» colère de son père. Mais comme il passait sous un grand chêne fort
» touffu, sa chevelure s'étant embarrassée dans les branches, sa mule
» passa outre, et ce prince resta suspendu.
» Malgré la défense de David, qui avait ordonné que l'on épargnât
» son fils, le cruel Joab, armé d'une lance, arriva à toute bride et
» perça ce prince infortuné. »

Ce tableau est le pendant d'un autre du même auteur, que nous avons précédemment publié, représentant le sacrifice d'Abraham.

La mode a souvent étendu le domaine du ridicule, et le ridicule, sans respect pour l'Histoire Sainte, s'est emparé de ce sujet pour favoriser les vues mercantiles d'une certaine classe d'ouvriers. Les perruquiers de Paris, pour accroître et perpétuer s'il était possible la manie des vastes perruques en honneur sous Louis XIV, s'avisèrent, pour la plupart, de faire peindre sur leurs boutiques des copies de ce tableau; et le fils de David devint l'enseigne favorite de tous les *Figaro* du tems, avec cette inscription :

Une perruque eut sauvé Absalon.

Ce méchant *rebus*, dont les exemples étaient encore fréquens à la fin du siècle dernier, passa de la ville dans les provinces, et, dans mes voyages, j'ai vu des enseignes de ce genre à la porte de plus d'un barbier de village.

Au commencement de la révolution, on en voyait encore une semblable en face du Val-de-Grace, avec cette mauvaise inscription latine :

Si habuisset comam, non occisus esset.

PLANCHE V.

TITIEN.

LE TITIEN ET SA MAITRESSE, *peint sur toile, hauteur quatre-vingt-douze centimètres huit millimètres ou deux pieds dix pouces; largeur soixante-seize centimètres huit millimètres ou deux pieds quatre pouces.*

Ridolfi, dans son ouvrage sur les peintres vénitiens, et dans la longue énumération qu'il fait des tableaux du Titien, ne parle point de ce portrait, et ne cite point le nom de cette jeune femme à laquelle ce grand peintre fut, sans doute, vivement attaché, puisqu'il l'a peinte plusieurs fois. Dans celui-ci, il s'est représenté lui-même, assistant à sa toilette, et cherchant à multiplier, par le jeu des glaces, les attraits de cette belle dont il paraît enchanté.

Boschini prétend que cette jeune et jolie femme se nommait Viola ou Violante, et qu'elle était fille du peintre Palma dit le Vieux, contemporain du Titien et l'un de ses plus habiles élèves. Cette assertion mérite d'être réfutée. D'abord est-il probable que la fille d'un aussi habile peintre que le Palma, dont les talens assuraient la fortune de sa famille, fut publiquement la maîtresse d'un autre peintre, et qu'elle eût consenti à souffrir l'indiscrétion d'un semblable portrait ? mais ce qui prouve bien plus encore que l'assertion de Boschini est fausse, c'est que le Titien, qui s'est peint ici lui-même, s'est représenté dans ce tableau comme un homme à-peu-près de cinquante ans. Le Titien est mort en 1576, agé de quatre-vingt-dix-neuf ans. Le Palma est mort en 1596 à l'âge de cinquante-six ans. Or donc, quand le Titien avait cinquante ans, Palma n'était pas né. Il naquit en 1540, et Titien alors avait soixante-trois ans. En supposant que le Palma se fût marié à vingt ans, Titien aurait eu quatre-vingt-trois ans quand le Palma aurait été père; et la fille du Palma, en supposant encore que ce fut son premier enfant, n'aurait eu que seize ans quand le Titien en aurait eu quatre-vingt-dix-neuf, c'est-à-dire, lorsqu'il mourut.

Il est donc évident que la jeune femme représentée dans ce tableau, n'est point la fille du vieux Palma : quoiqu'il en soit, ce portrait est admirable. Cette femme charmante, dont la figure respire le plus aimable abandon, arrange ses beaux cheveux blonds, que d'un bras arrondi par les grâces elle soulève, et qu'elle va parfumer d'essence, comme l'indique assez le flacon qu'elle tient dans la main gauche. Le désordre de sa parure et la pose du Titien, dénotent assez le sentiment qui unit ces deux personnages.

Ce délicieux tableau, malgré une existence de plus de deux cent cinquante ans, est d'une assez belle conservation, et tient une place distinguée dans la galerie du Musée Napoléon.

Il a été gravé par Henri Dancken.

PLANCHE VI.

LUCIUS VERUS. — MARCUS AURELIUS.

BUSTES ANTIQUES.

Ce buste magnifique qui représente Lucius Verus, est de l'exécution la plus précieuse, et sort de la riche collection de la Villa Borghèse. Il fut de tout tems cité dans l'Histoire des Arts comme l'un des ouvrages où la perfection du ciseau fut portée au plus haut degré, et passera toujours pour l'une des plus sublimes productions de la statuaire chez les Romains. Il sert encore de témoignage de l'espèce de recherche que cet Empereur apportait à sa toilette, et du soin qu'il mettait à l'élégant arrangement de sa barbe et de ses cheveux. Adopté à l'âge de sept ans par Marc-Aurèle à la prière d'Hadrien, son père adoptif l'associa à l'empire quand il parvint au trône. Son seul exploit fut la défaite des Parthes. Dans tout le reste, il se montra peu digne d'être le collègue d'un si grand empereur. Son amour pour les voluptés lui fit souvent dépasser toutes les bornes de la décence; et s'il n'imita point Néron dans ses cruautés, il le surpassa souvent par l'excès et la folie de son faste et de ses dépenses. L'histoire a conservé la relation de l'un de ses soupers, où douze convives furent seuls admis, et qui coûta six millions de sesterces. A l'exemple de Caligula, il avait parmi ses favoris un cheval qu'il nommait l'Oiseau, et qu'il ne nourrissait que de raisins secs et de pistaches. Il n'était point étranger aux sciences et aux arts, et chérissait ceux qui les cultivaient. C'est peut-être à cette circonstance qu'il faut attribuer la multitude de portraits qui nous restent de cet empereur; car on ne peut les imputer à ses vertus. Il mourut d'apoplexie à quarante-deux ans.

Le buste qui représente Marc-Aurèle est également un bel ouvrage; mais les traits de ce digne empereur se prêtaient moins à la sculpture que ceux de Lucius Verus. Ces gros yeux sortant de leurs orbites, ces tempes exhaussées ne sont point favorables aux formes. Cependant, comme exécution, ce buste est très-remarquable, et captiverait beaucoup plus l'attention s'il n'était point en pendant avec celui de Verus.

LUCIUS VERUS.　　　MARC AURELE.

LE COURONNEMENT D'EPINE.

EXAMEN
DES PLANCHES.

SOIXANTE-DIX-SEPTIÈME LIVRAISON.

PLANCHE PREMIÈRE.

TITIEN, (Tiziano Vecellio).

LE COURONNEMENT D'ÉPINES, *peint sur bois, hauteur trois mètres onze centimètres sept millimètres ou neuf pieds quatre pouces six lignes; largeur un mètre quatre-vingt-sept centimètres ou cinq pieds neuf pouces huit lignes.*

Dans l'immense collection de tableaux apportés d'Italie, et dont la France doit la possession aux mémorables victoires de Sa Majesté l'Empereur et Roi, il en est peu qui ne se trouvent cités par les historiens ultramontains et dans les innombrables relations des voyageurs; mais, historiens et voyageurs, tous s'accordent à regarder celui que nous publions aujourd'hui comme l'un des plus admirables. Cette célèbre renommée dont il jouissait depuis près de deux cents quatre-vingts ans, ne s'est point affaiblie à son entrée dans le Musée Napoléon, et, s'il est permis de le dire, elle a reçu plus d'éclat encore en passant par ce creuset redoutable où se sont évanouies tant de réputations colossales de tableaux, si exaltés par les préventions nationales ou par les systèmes d'école.

Le Titien a représenté, dans celui-ci, le Sauveur du monde dans une obscure prison, entouré de bourreaux. Ces hommes barbares, armés de bâtons, appuient fortement sur la couronne d'épines qu'ils ont placée sur sa tête, et s'efforcent à en faire pénétrer les pointes aiguës dans le crâne. L'un d'eux, couvert d'une cotte de mailles, agenouillé devant lui, lui rend d'imposteurs hommages, et lui présente, par dérision, un roseau pour lui tenir lieu de sceptre.

L'expression de la figure du Christ est admirable; rien de plus auguste que sa douleur; la beauté de ses traits ne reçoit aucune altération de ses souffrances. On reconnaît le calme, l'élévation, la grandeur, la divinité de son ame, à travers les atteintes mortelles portées à l'humanité. Il est impossible de mieux indiquer les deux natures. Comme la noblesse, empreinte sur tous les mouvemens de cette belle figure, contraste bien avec la bassesse, la grossièreté, la rage aveugle des bourreaux qui l'environnent!

On aperçoit, dans le fond, un buste placé sous le cintre de la porte, avec cette inscription au-dessous : TIBERIUS CÆSAR. La présence de ce buste, que quelques personnes pourraient trouver singulière dans un lieu semblable, est une manière ingénieuse dont ce grand peintre s'est servi pour indiquer la date de l'époque où cette grande catastrophe s'est passée. Au reste, personne n'ignore quel empressement l'adulation, commune aux proconsuls et toujours plus forte en raison de la cruauté de leurs maîtres, quel empressement, dis-je, cette adulation mettait à multiplier les effigies des empereurs; ils étaient encore guidés en cela par la politique du tems, qui se plaisait à humilier les Juifs par ces nombreuses inaugurations d'effigies que la loi judaïque réprouvait; et quiconque connaît l'histoire, n'ignore pas à combien de révoltes cet usage des Romains a entraîné les Hébreux, et que de sang il en a coûté à Alexandrie, à Salonique, à Antioche et ailleurs. Rien ne blesse donc la vraisemblance en supposant que, dans un tems où la plupart des gouverneurs de provinces enchérissaient sur les cruautés de Tibère, pour se conserver dans sa faveur, Pontius Pilatus, dont la douceur répugnait à la condamnation du Juste, et dont la méprisable faiblesse ne le livra à ses persécuteurs que dans la crainte d'offenser son maître, eût fait placer l'effigie de Tibère, dans le lieu même où l'on égorgeait ses victimes.

Si cependant le lieu de la scène, ou, si l'on veut, le bâtiment où cette scène se passe, est une des salles du prétoire, ou le péristile par lequel on y pénètre, alors rien d'étonnant d'y voir le buste de l'empereur

Tibère. Il est tout naturel de trouver le buste du chef de l'Etat dans un monument consacré à rendre la justice : alors on ne peut reprocher aucune inconvenance au Titien, et le trait de génie d'avoir employé ce moyen pour indiquer la date de ce grand évènement reste dans toute sa pureté. Au reste, en supposant que le peintre ait voulu représenter une partie du prétoire, cette opinion n'a rien qui contredise l'Écriture. Ces grands degrés, cette architecture en bossages, la forme de cette porte d'entrée, tout annonce assez le caractère de ce monument, et la sévérité de son objet.

Le judicieux historien des peintres vénitiens, Ridolfi, regarde ce sublime ouvrage comme l'un des titres les plus précieux du Titien, à la gloire d'être considéré comme le premier des peintres de cette belle École, et nous partageons entièrement son opinion, qui ne tient rien de l'exagération, et qui n'est fondée que sur un juste enthousiasme. Dans ce tableau, le Titien peut être considéré comme l'un des plus grands coloristes, mais encore comme l'un des plus grands peintres pour le génie poétique, et c'est ce mérite si rare qui inspira à l'un de nos poètes ces deux vers qui se trouvent dans une Épître sur l'arrivée à Paris des monumens de l'Italie.

De ce tableau sublime, ô profonde éloquence !
Le buste d'un tyran, la mort de l'innocence.   *Jh. Lavallée.*

Voici comme Ridolfi s'exprime en parlant de ce tableau : « Ce fut, » dit-il, pour l'église de *Santa Maria delle Gratie*, à Milan, qu'il » exécuta ce célèbre tableau du Sauveur, où sur un vaste théâtre décoré » de colonnes et de statues, on voit le Christ ceint de la pourpre par » les hébreux et couronné d'épines. On reconnaît l'art avec lequel le » peintre est parvenu à rendre sur la figure tous les effets de la douleur. » Il est entouré d'une foule de ministres employés à cette barbare fonc- » tion, et dont tous les gestes dénotent la férocité de leur ame. L'un » d'eux, couvert d'une cotte de maille brillante, lui présente, à genoux, » un vil roseau pour sceptre.

» Tandis que les mortels se couvrent le front de pierres précieuses, » le Christ, pour prendre possession de son royaume, voit le sien » entouré d'un diadème d'épines, et n'en reçoit que de sanglantes bles- » sures. O sublime effet de ce tableau ! dont la vue suffit pour émouvoir » de compassion tous les cœurs, tandis que le spectacle réel des tour-

» mens du Rédempteur ne peut arracher la plus faible lueur de pitié
» à ces barbares Israélites.

» Ce dernier ouvrage accrut tellement la réputation du Titien, que
» tous les princes s'empressèrent à l'envie de l'appeler à leur cour, etc. »

Mengs, ce connaisseur si éclairé et si difficile, a rendu également une justice éclatante à ce magnifique ouvrage. « Je me suis arrêté,
» dit-il, quelques jours à Milan, pour y voir les peintures, et par-
» ticulièrement le carton de l'école d'Athènes, qui est à la bibliothèque
» Ambroisienne : j'ai trouvé quelques morceaux de Gaudentio Ferrari,
» qui m'ont fait plaisir ; mais surtout j'ai été frappé de l'admirable
» tableau du Couronnement d'épines, du Titien, qui est un de ces
» ouvrages qui caractérisent ce grand maître pour un des patriaches de
» la peinture ».

Je ne finirais point si je voulais citer tout ce que les écrivains les plus estimés ont dit sur ce chef-d'œuvre. Il tient un des premiers rangs parmi les plus beaux ouvrages de son meilleur tems. On y retrouve cette vérité, cette magie, cette beauté de pinceau, ce coloris admirable qui constituent les tableaux capitaux de ce grand maître.

Il porte sa signature ainsi figurée : TITIANUS. F.

PLANCHE II.

CONING (SALOMON).

JOSEPH EXPLIQUE LES SONGES DE PHARAON; *peint sur toile ; hauteur un mètre treize centimètres trois millimètres ou trois pieds cinq pouces; largeur quatre-vingt-dix centimètres six millimètres ou deux pieds neuf pouces.*

JOSEPH, conduit en Egypte après la trahison de ses frères, vendu à Putiphar, général du Pharaon, jeté en prison par l'effet des calomnies de l'impudique épouse de ce général, se rendit célèbre par l'explication qu'il donna à deux prisonniers illustres des songes qu'ils avaient faits. A-peu-près dans le même temps, le Pharaon fut tourmenté lui-même par un songe singulier dont ses devins ne purent lui découvrir le sens. Soit puissance de cette curiosité commune à tous les hommes, soit que l'inquiétude éprouvée par ce monarque entrât dans les desseins de la Providence, il voulut connaître ce que ces songes lui présageaient ; et ses

JOSEPH EXPLIQUANT LES SONGES DE PHARAON.

courtisans, attentifs à lui p'aire, lui parlèrent de Joseph, et lui vantèrent le succès qu'il avait déjà obtenu dans deux circonstances pareilles. Le Pharaon ordonna qu'on amenât ce jeune homme devant lui. C'est cét instant que le peintre a représenté.

Ce jeune Joseph, à qui le monarque a sans doute expliqué le motif de son inquiétude, est à genoux sur les derniers degrés du trône. On reconnaît à une sorte d'inspiration dont sa figure est animée, à son geste et au calcul qu'il semble faire sur ses doigts, que dans ce moment même il prédit au Pharaon les sept années d'abondance dont va jouir l'Egypte, et les sept années de stérilité dont elle sera ensuite frappée. Le Pharaon, assis sur son trône, le sceptre à la main, prête une oreille attentive au discours de Joseph. Sur la gauche du trône, mais infiniment plus bas, un secrétaire d'Etat transcrit sur un registre l'explication donnée par ce jeune homme au songe du prince. Le reste des acteurs de cette scène se compose des grands de l'Etat ou de courtisans, les uns assis, les autres debout, dont la plupart écoutent avec intérêt les réponses de Joseph, tandis que deux autres, moins à portée d'être aperçus par le monarque, semblent causer d'un objet étranger au sujet principal, de quelque intrigue peut-être qui leur est personnelle.

L'on ne peut refuser à cette composition une sorte de grandeur et de majesté; malgré ses nombreux défauts, elle intéresse le spectateur. En général l'expression des personnages est dans la nature, et tous leurs mouvemens sont justes. Joseph explique bien l'espèce d'énigme qui lui a été présentée. L'attention de tous les auditeurs est bien sentie et bien nuancée par les divers intérêts qui les animent. L'effet mystérieux qui règne dans cet ouvrage et la couleur aimable répandue sur toutes ses parties, lui méritent la place qu'il occupe dans le Musée.

Mais que d'anachronismes, que d'ignorance des mœurs, que de ridicule dans tous les détails. Combien ce faste, cette magnificence, sont par leur genre étrangers à l'idée que les gens instruits se font de la grandeur auguste et sévère de ces temps reculés. Combien ce trône, par sa recherche déplacée, par ses ornemens lourds, par sa sculpture tourmentée, contraste avec la pompe de ces âges de l'antiquité! que cette architecture est bizarre et combien elle s'éloigne de ces monumens égyptiens que le temps a conservés jusqu'à nous! Que signifient ces énormes dais, ces immenses rideaux, ces larges broderies, ces crépines, ces franges d'or, dont le luxe est d'une invention si moderne? Ne croirait-on pas voir une décoration théâtrale plutôt que la cour de l'un des successeurs de Sésostris? A son costume, ne dirait-on pas qu'il s'agit ici de l'un de ces califes si fabuleusement décrits dans les Mille et une Nuit? et si l'œil se promène sur tous ces courtisans, qui ne comparerait cette réunion à un sanhédrin assemblé, ou, tout au moins, au peuple d'une synagogue? Tous ces hommes sont autant de Rabins. Et ce pauvre Joseph! ne le prendrait-on pas pour un jeune villageois que l'on vient d'affubler d'une aube pour le faire figurer à une procession de campagne? Tous ces détails sont de la plus ridicule inconvenance; tant il est vrai que pour exceller dans tous les arts, les élémens des connaissances qui semblent même par leur nature avoir le moins de rapport avec eux, sont absolument nécessaires à celui qui les professe. On pourrait appeler les peintres qui se permettent de semblables écarts, les Pradons de la peinture. Ces défauts sont bien moins communs de nos jours, et il faut en rendre grace au progrès des lumières qui, pénétrant dans toutes les classes, accoutument l'homme à rougir d'exposer ainsi son ignorance au grand jour.

Ce tableau est dû aux conquêtes de 1806.

PLANCHE III.

OSTADE (Adrien Van).

INTÉRIEUR D'UN ESTAMINET; *peint sur bois, hauteur quarante-neuf centimètres trois millimètres ou dix-huit pouces; largeur trente-huit centimètres ou quatorze pouces.*

Ce grand peintre a représenté, dans cette production, le tableau véridique, quoiqu'un peu dégoûtant, des plaisirs et des mœurs des villageois Brabançons ou Hollandais. Le lieu de la scène est une grande salle ou cuisine d'une auberge. Des bancs, des chaises et des escabaux de bois, des ustensiles de ménage, un tonneau de bierre, des branches d'arbre, des pipes cassées, des cartes semées sur le plancher, tout annonce l'objet des réunions qui s'y forment et le désordre qui y règne. En effet, la plupart des acteurs de celle-ci sont déjà ivres. Le geste et la pose de celui qui vient d'entrer et qui salue la maîtresse du logis, annoncent assez qu'il n'est pas à jeun. La dame répond à sa politesse en lui présentant obligeamment un grand *vidrecome*. Derrière elle, un,

A. OSTADE.

UN ESTAMINET.

P. WOUVERMANS.

HALTE DE VOYAGEURS VILLAGEOIS.

homme, ou un valet d'auberge, tire un broc de bierre du tonneau. A gauche, un paysan vu par le dos, assis sur un banc et appuyé sur une table, débarrasse son estomac surchargé; sa femme, un enfant sur les genoux, est près de lui, et l'on juge à sa figure qu'elle ne lui épargne pas les épithètes d'usage. Plus loin, le sommeil s'empare de deux ivrognes, tandis qu'à la porte, que l'on aperçoit dans le fond, trois hommes causent ensemble.

Ce tableau est du plus beau tems d'Adrien Ostade; malheureusement il a un peu souffert. On le doit aux conquêtes de 1806.

PLANCHE IV.

WOUWERMANS (Philippe).

HALTE DE VOYAGEURS CAMPAGNARDS; *peint sur bois; hauteur trente-trois centimètres trois millimètres ou un pied; largeur vingt-sept centimètres ou dix pouces.*

Un paysan et sa femme, qui peut-être changent de domicile, ou reviennent de la ville, où ils ont vendu leurs denrées, ou bien vont passer quelques jours chez des parens éloignés de leur habitation, se sont arrêtés au bord d'une petite rivière, pour se reposer pendant la chaleur du jour. Ils ont dételé leur cheval, et l'ont entièrement débarrassé de ses harnois. Le conducteur lui donne quelques poignées d'herbe fraîche qu'il vient d'arracher. La femme est assise dans la voiture. Leur gardien fidèle, leur chien, est couché sur le premier plan. A la lassitude de cet animal, à l'espèce d'avidité avec laquelle ce cheval blanc se repait, on peut aisément reconnaître que ces bonnes gens ont déjà fourni une assez longue course. Dans le fond, une femme un paquet sur le dos, précédée de quelques pas par un homme, continuent leur marche, et semblent étrangers aux voyageurs du devant.

Cette petite composition n'est point indigne de son célèbre auteur. Quoique le sujet n'en soit pas d'un intérêt bien piquant, on retrouve dans les figures l'esprit et la finesse qui distinguent ce peintre. Ces troncs d'arbres, ce vieux saule, sont bien dans la nature. Ce paysage est vrai, et la couleur en est généralement aimable.

Ce tableau vient des conquêtes de 1806.

PLANCHE V.

REMBRANDT (Van Rhin).

PORTRAIT D'UN JEUNE HOMME; *peint sur toile; hauteur un mètre huit centimètres ou trois pieds trois pouces; largeur quatre-vingt-treize centimètres trois millimètres ou deux pieds dix pouces.*

L'on ne connaît point le personnage que le peintre a représenté dans ce tableau. Cet homme est dans la fleur de l'âge. Sa figure est spirituelle et gaie. De beaux cheveux flottent, sans apprêt, sur ses épaules. A son vêtement, un peu sérieux pour un homme dans son printems, on peut présumer que c'est un élève de quelque'Université hollandaise, de Leyde peut-être. Il est assis, le coude appuyé sur une table; la main est à moitié cachée sous son manteau. Le bras gauche est entièrement dérobé à la vue du spectateur.

Ce portrait a, dans son effet, la magie inséparable du beau talent de Rembrandt; tout y décèle la rapidité de l'exécution et la chaleur du premier jet. C'est un de ces portraits qu'il faisait pour ainsi dire d'inspiration, et qui ne lui coûtaient qu'une matinée.

Ce tableau est dû aux conquêtes de 1806.

PLANCHE IV.

ESCULAPE.—Statue.

Les anciens ont compté plusieurs Esculapes. Cette multiplicité de personnages du même nom ne viendrait-elle pas de ce que dans l'antiquité on aurait, ainsi que nous le faisons encore aujourd'hui, appliqué le nom du dieu de la médecine à ceux qui professent cette science avec le plus de succès? Le premier des Esculapes était, selon la Fable, fils d'Apollon et de Coronis. Il fut élevé par Chiron. Jupiter le foudroya pour satisfaire à Pluton, qui se plaignait de voir, par la faute de ce médecin, l'empire des morts se dépeupler.

Il est ici représenté nu jusqu'à mi-corps, avec le serpent, emblème de la vie et de la santé. Il est coiffé du *Théristrion*, espèce de turban que l'on retrouve dans la plupart de ses portraits.

Cette statue sort de la *Villa Albani*. Elle est de marbre *pentélique*.

PORTRAIT D'UN JEUNE HOMME.

N.° 464. Statue en Marbre.

Dessiné par Vauthier. Gravé par V.e Daque.

ESCULAPE.

LA DESCENTE DE CROIX.

EXAMEN DES PLANCHES.

SOIXANTE-DIX-HUITIÈME LIVRAISON.

PLANCHE PREMIÈRE.

LE SUEUR (EUSTACHE).

LA DESCENTE DE CROIX; *peint sur toile; hauteur un mètre trente-huit centimètres cinq millimètres ou quatre pieds deux pouces; largeur un mètre trente-huit centim. cinq millim. ou quatre pieds deux pouces.*

LE caractère de le Sueur, la sensibilité de son ame, sa douce et habituelle mélancolie, sa philosophie accrue par les injustices qu'il avait éprouvées, semblaient rendre ce grand peintre plus propre que tout autre à traiter ce sujet, dont l'importance a appelé l'attention de tous les hommes de génie, ainsi que nous l'avons precédemment fait observer à nos lecteurs. Soit que l'on conserve à cet évènement cette magie divine que lui prêtent les opinions religieuses, il n'en est point où l'exaltation de la pensée, où la chaleur du sentiment, où l'exagération poétique puissent se développer davantage; soit qu'on ne le considère que sous le rapport historique, il n'en est aucun de plus convenable à la gravité des idées, à la philosophie des expressions, à la dignité des mouvemens. S'il s'agit d'un Dieu qui daigne descendre à la souffrance pour sauver le genre humain, est-il un genre d'enthousiasme que l'on ne doive pardonner au peintre? S'il ne s'agit que d'un homme, quel tableau plus pathétique que les derniers devoirs rendus par des amis, par des élèves, par des parens, à un Sage qui n'a subi la mort que pour avoir annoncé des vérités à la terre, que les hommes n'ont sacrifié que parce qu'il voulut les rendre meilleurs, et à qui il ne reste pour recueillir ses dépouilles que quelques personnages vulgaires, que quelques femmes timides, tandis que n'aguères le peuple courait en foule dans les temples l'écouter ou l'applaudir, ou le recevait en triomphe à la porte des cités. Dans la première hypothèse, c'est le plus grand effort de la miséricorde divine; dans la seconde, c'est le plus grand exemple de l'ingratitude humaine, et quel que soit le parti auquel s'arrête le peintre, il faut qu'il ait assez de force en lui-même pour faire reconnaître dans les acteurs de cette scène tragique soit les premiers élus de la Divinité, soit l'élite de toutes les races de la terre.

Cette dernière manière d'envisager ce sujet, paraît être celle que le Sueur a choisie; elle convenait mieux à son caractère et au genre de son beau talent. Il n'avait point l'ambition d'étonner par des contrastes extraordinaires, par une combinaison théatrale dans l'arrangement des groupes, par ces plans de compositions qui prétendent plus à l'effet qu'à la vérité. La simplicité était son idole, la nature son modèle, l'antique son étude. Si son grand art était de rendre avec autant de précision que d'esprit les différentes affections de l'ame des personnages qu'il mettait en scène, il ne perdait jamais de vue que quelques distinctes que fussent les nuances diverses de ces affections souvent opposées, elles devaient toutes concourir à l'expression générale. Voilà ce qui donne à tous ces ouvrages cet attrait invincible qui tient le spectateur pour ainsi dire sous le charme. C'est par cette espèce de puissance d'attraction dont il a revêtu sa composition, qu'il se rapproche davantage de Raphaël, avec qui d'ailleurs il a tant d'autres points de comparaison. C'est enfin à cette belle entente, à cette science profonde dans la disposition, à cette séduisante harmonie, à ce repos enchanteur entre toutes les parties que le beau tableau que nous décrivons doit l'avantage d'être classé parmi ses chefs-d'œuvres.

Trois groupes bien distincts se font remarquer dans ce bel ouvrage. Sur le plan le plus éloigné, la croix se fait apercevoir. Deux échelles que l'on a employées pour parvenir à déclouer les mains, sont encore dressées contre les parois de la croix. L'un des hommes dont la charité vient de remplir ce douloureux ministère, est sur l'une des échelles, et jette dans un vase que lui présente l'un de ses compagnons, les instrumens dont il s'est servi pour détacher le corps. Avec quelle intelligence cet habile peintre a reculé des yeux ces ouvriers, que leur emploi rend nécessairement plus indifférens à la scène touchante qui se passe sur le devant, comme s'il eût craint que, trop rapprochés, le travail dont ils s'occupent encore n'eût affaibli l'attendrissement qu'il voulait inspirer au spectateur !

Sur le second plan, trois hommes transportent le Christ, à l'aide d'un linceuil qu'ils ont passé sous son corps. Quel admirable abandon ! quelle grâce touchante dans cette femme infortunée qui baigne de ses larmes les pieds du maître chéri que la mort vient de lui ravir ! A la beauté de ses formes, à cette douleur profonde, à cet amour au désespoir, peut-on méconnaître la Madeleine ? Mais qui pourra jamais contempler sans émotion cette figure du disciple bien aimé qui aide à transporter le corps ? Que son affliction est touchante ! que ce Saint Jean éprouve bien, dans ce moment, tous les déchiremens d'un cœur sensible ! Quelle délicatesse, quelle noblesse d'expression ! Cette figure est sublime. C'est la perfection de l'art.

Ce groupe marche bien. Il s'approche de celui que l'auteur a placé sur le premier plan. Ici se trouvent les Saintes Femmes. La plupart des peintres, même les plus célèbres, quand ils ont peint cette scène, ont presque tous représenté la Mère de Dieu évanouie. C'était peut-être un moyen adroit d'échapper à la difficulté d'exprimer ce qui se passe dans le cœur maternel dans une circonstance semblable, imitant en cela ce peintre de l'antiquité qui, dans le sacrifice d'Iphigénie, représenta Agamemnon la tête couverte d'un voile. Le Sueur a bravé cette difficulté. La mère du Sauveur du monde est plutôt affaissée sur ses genoux qu'agenouillée. Les bras nonchalamment ouverts, immobile dans sa douleur, elle regarde le groupe qui s'approche, et semble dire : « Voilà » donc tout ce qui reste de l'objet du plus tendre amour ». Son expression est simple, noble, éloquente ; cette figure a toute la dignité convenable. La femme que l'on voit à ses côtés ne s'occupe que de cette mère malheureuse. Debout, les mains jointes, elle la regarde avec le plus touchant intérêt, et semble lui adresser quelques paroles de consolation. Les deux autres femmes placées devant la Vierge, tiennent chacune l'un des coins du drap destiné à ensevelir le corps du Sauveur du monde. Elle ont déjà déroulé ce linceuil, et l'ont étendu sur la terre. La critique sévère pourrait peut-être reprocher au peintre de n'avoir pas donné à ces trois femmes un caractère historique. Leurs têtes sont françaises, plutôt que juives.

Enfin, on aperçoit sur le devant deux vases de parfums destinés sans doute à embaumer le Christ, la couronne d'épines et les trois clous dont les bourreaux se sont servis pour attacher les mains et les pieds. Le reste du paysage est agreste et sauvage. Dans le fond, un tertre inculte surmonté de quelques broussailles, à gauche les sommités de quelques édifices.

Nous dirons avec franchise que le Sueur, dans ce bel ouvrage, s'est montré l'égal des peintres ultramontains les plus estimés, peut-être même pourrait-on dire qu'ici, comme compositeur, il leur est supérieur. Le groupe du Christ est surtout admirable. La figure du Saint Jean suffirait seule à la réputation d'un grand peintre.

Un Portement de Croix que nous avons publié dans une de nos précédentes livraisons, et le beau tableau que nous venons de décrire, furent exécutés par le Sueur pour la chapelle des le Camus, dans l'église de Saint-Gervais de Paris. L'un et l'autre sont du plus beau tems de ce grand artiste. Pourquoi faut-il que certaines circonstances aient neutralisé un aussi beau talent, que la jalousie de quelques rivaux l'ait éloigné du théâtre de la gloire, et que sa vie, malheureusement trop courte, ne lui ait pas laissé le tems de réduire, à force de chefs-d'œuvres, l'envie au silence?

PLANCHE II.

VANDER WERFF (Adrien.)

REPOS DE LA SAINTE FAMILLE; *peint sur bois; hauteur quatre-vingt-cinq centimètres deux millim. ou deux pieds sept pouces; largeur cinquante-sept centimètres trois millimètres ou un pied neuf pouces.*

Au caractère grand et austère de cette composition, l'on serait tenté de croire qu'elle a été tracée par le Poussin. Il est douteux que Vander Werff en ait jamais fait de plus belle. Il a supposé que la Sainte Famille, fuyant les persécutions d'Hérode, s'est reposée à la chûte du

LE REPOS DE LA S.te FAMILLE.

LE CONCERT.

jour, aux pieds d'un monument qu'ombragent de grands arbres. Saint Joseph, accablé de lassitude, a cédé à la puissance du sommeil. La Vierge est assise et s'entretient avec Sainte Anne. Jésus et le petit Précurseur sont sur le devant, et ces deux aimables enfans, dans l'innocente familiarité de leur âge, causent ensemble et reposent sur les fleurs effeuillées autour d'eux. A l'autre extrémité du groupe, Zacharie lit, et peut-être étudie quelques dogmes de la religion des Hébreux dont il est l'un des prêtres.

Ce tableau réunit plusieurs qualités éminentes et précieuses à l'art. Il y règne de l'harmonie. Les draperies sont larges, bien jetées et d'un assez bon goût; le paysage est riche et intéressant, mais on y retrouve aussi les défauts ordinaires à cet artiste. Exécuté sans verve, sans enthousiasme poétique, l'expression, dans ce tableau, est sans chaleur. Sans doute il est fini avec un soin extrême, et il est possible que cela plaise à quelques amateurs; mais il n'en est pas moins vrai que ce fini même glacera toujours le véritable artiste, dont le génie brûlant apprécie moins un tableau sur le précieux de son exécution que sur la chaleur et la vérité de l'expression et le charme du coloris.

Ce tableau vient de Berlin. Il est ainsi signé : *Ch.er Wanderverff pinxit* 1709. Il est probable que cet ouvrage lui fut commandé.

PLANCHE III.

DOMINIQUIN.

UN CONCERT; *peint sur toile; hauteur un mètre soixante-deux centim. six millimètres ou quatre pieds onze pouces, largeur un mètre quatre-vingt-huit centimètres ou cinq pieds huit pouces.*

Quatre jeunes musiciens réunis autour d'une table couverte d'un tapis, et sur laquelle on voit quelques livres de musique et une guitare, se disposent à exécuter quelques morceaux. Le plus âgé de ces jeunes gens et sans doute le plus habile, ou peut-être le répétiteur d'un conservatoire, tient un violon, et avant de commencer à se faire entendre, indique à celui qui doit chanter, quelque passage difficile du morceau que l'on va exécuter. Pendant ce tems, un troisième accorde son luth.

Le plus jeune des quatre, placé sur le devant, le coude appuyé sur la table, tient également un violon, et paraît sans inquiétude sur la partie qu'il doit faire. Il sourit malignement à quelque spectateur, et le doigt sur la bouche, se moque tout bas, peut-être, du peu d'intelligence de son camarade.

Ce charmant tableau, depuis qu'il est entré dans la collection des rois de France, a toujours été attribué au Dominiquin. Plusieurs biographes et notamment Lépicié, ont avancé qu'il fut fait par ce célèbre Artiste, pour le cardinal Ludovisi. L'entrée au Musée de quelques tableaux authentiques de Léonello Spada, qui portent sa signature, nous ont fait embrasser une opinion contraire, et nous n'avons plus de doutes sur le véritable auteur de cette production, dans laquelle nous ne retrouvions aucune trace du pinceau du Dominiquin. Pour mettre cette vérité plus en évidence, ce tableau a été placé au Musée sous un tableau de Spada, et au premier coup-d'œil, nul artiste, nul connaisseur, n'hésiteront à lui restituer ce charmant ouvrage.

Nous dirons encore que le beau jeune homme qui tient l'archet, est le même, par le caractère de la tête, que l'Ange qui joue du luth dans le Saint François présentant des fleurs à la Vierge, et que l'Enfant prodigue de la planche XIII de cet ouvrage; enfin nous ajouterons que la manière de peindre du Dominiquin est totalement différente de celle du Spada. Celui-ci a un pinceau plus ferme et plus hardi, mais moins fondu que celui du Dominiquin, dont la touche est par fois timide. En restituant donc ce tableau à son véritable auteur, c'est ajouter à sa gloire, sans nuire à celle du grand homme auquel on l'attribua faussement. N'est-elle pas suffisamment consacrée par tant de chefs-d'œuvres de lui que l'on admire au Musée?

Je me permettrai de remarquer, sans prétendre cependant critiquer cet ouvrage, que ce long manteau, qui passe sur le bras du jeune homme qui tient le violon, me paraît peu réfléchi; il doit nécessairement peser sur le bras du musicien, et le gêner dans son exécution. Il n'est pas naturel qu'il l'ait ainsi conservé : la position du bras, en soutenant le violon, est assez fatigante par elle-même, pour ne pas supposer qu'un musicien l'aggrave encore par le poids d'un manteau.

M. de Nogent apporta ce tableau en France. Il le tenait du prince Ludovisi, neveu du Cardinal, et le vendit à M. de Jaback. Celui-ci le céda au cabinet de la couronne, avec la Sainte Cécile du Dominiquin.

Il a été gravé par Picard le romain.

C. LORRAIN.

VUE D'UN PORT AU SOLEIL LEVANT.

PLANCHE IV.

LORRAIN (Claude Gelée dit le).

VUE D'UN PORT AU SOLEIL LEVANT; *peint sur toile ; hauteur cinquante-six centimètres ou un pied huit pouces six lignes ; largeur soixante-quatorze centimètres six millimètres ou deux pieds trois pouces.*

Claude Lorrain a représenté dans ce tableau un port d'Italie au soleil levant. Sur le devant, des voyageurs prêts à rejoindre leur vaisseau, aux armes de France, boivent un verre de liqueur que leur vend un homme coiffé d'une espèce de turban; derrière eux, un matelot, les pieds dans l'eau, attire à lui le canot qui doit les rendre à bord. A la droite du tableau, une jeune femme assise sur une grande malle, a devant elle diverses poteries qu'elle vend aux passagers. Autour d'elle sont groupés des ouvriers du port qui conversent ensemble. Plus loin, l'on voit une grande porte cintrée décorée de deux colonnes, qu'on peut présumer être celle de l'arsenal, qu'indique assez au reste la poupe d'une galère mouillée dans un canal. Plus loin s'élève un grand édifice divisé en deux corps de bâtimens, auxquels on monte par un vaste escalier. Les nombreux personnages qui s'y rendent ou qui s'agittent aux environs, semblent indiquer que c'est là que se rassemblent les négocians, et qu'il sert d'entrepôt au commerce qui se fait dans ce port. A l'horison, l'on aperçoit plusieurs vaisseaux qui se disposent à sortir de ce port ou à y entrer.

Mais, au reste, que sert cette description ? Quelqu'exacte, quelque complète qu'elle fût, parviendrait-elle jamais à donner une idée juste de ce délicieux ouvrage ? Quelle éloquence réussirait à rendre le charme de la couleur ! l'effet enchanteur du lever du soleil sur ces beaux monumens; la vie répandue sur ce riche et brillant paysage; enfin, cette activité, ce mouvement, cet air d'opulence qui ne se trouvent que dans les asiles du commerce, voilà ce que l'on ne peut décrire, et tout ce que l'on trouve dans ce bel ouvrage, dont les figures sont de Philippe Lauri.

PLANCHE V.

GUIDE.

SAINT SÉBASTIEN ; *peint sur toile ; hauteur un mètre soixante-dix - sept centimètres deux millimètres ou cinq pieds quatre pouces ; largeur un mètre trente-trois centimètres deux millim. ou quatre pieds.*

SAINT SÉBASTIEN les deux bras attachés par derrière à un arbre, le flanc percé d'une flèche, paraît s'adresser au Seigneur avec confiance, et lui offrir les souffrances de son martyre. Dans le fond, l'on aperçoit les satellites de Dioclétien qui l'ont martyrisé.

L'effet de ce tableau est vigoureux. La tête du martyr a de l'expression, et paraît être de l'époque où le Guide voulut contre-balancer les succès de Michel-Ange de Caravage, dont les productions étaient à Rome plus connues que celles du Josepin et que les siennes même. Il vient de l'ancienne collection des rois de France.

PLANCHE VI.

ANTINOUS EN HERCULE,

STATUE.

Ce jeune Bithinien, que l'empereur Hadrien mit au rang des dieux, et dont la divinité finit sur la terre avec la vie de son maître, est ici représenté avec les attributs d'Hercule. Il s'appuie sur une massue qu'enveloppe une peau de lion. Fut-il en effet honoré sous ces emblêmes dans le temple magnifique qu'Hadrien lui avait fait ériger à Antinopolis, ville d'Égypte, dont le nom annonce qu'elle fut bâtie en son honneur ? ou bien dut-on simplement à la flatterie, l'idée de le représenter sous la figure d'Hercule, pour exalter son dévouement à l'Empereur ? c'est ce qu'il n'est pas facile de décider.

Cette Statue, dont la tête antique est rapportée, est de marbre de *Luni*.

S^T. SÉBASTIEN.

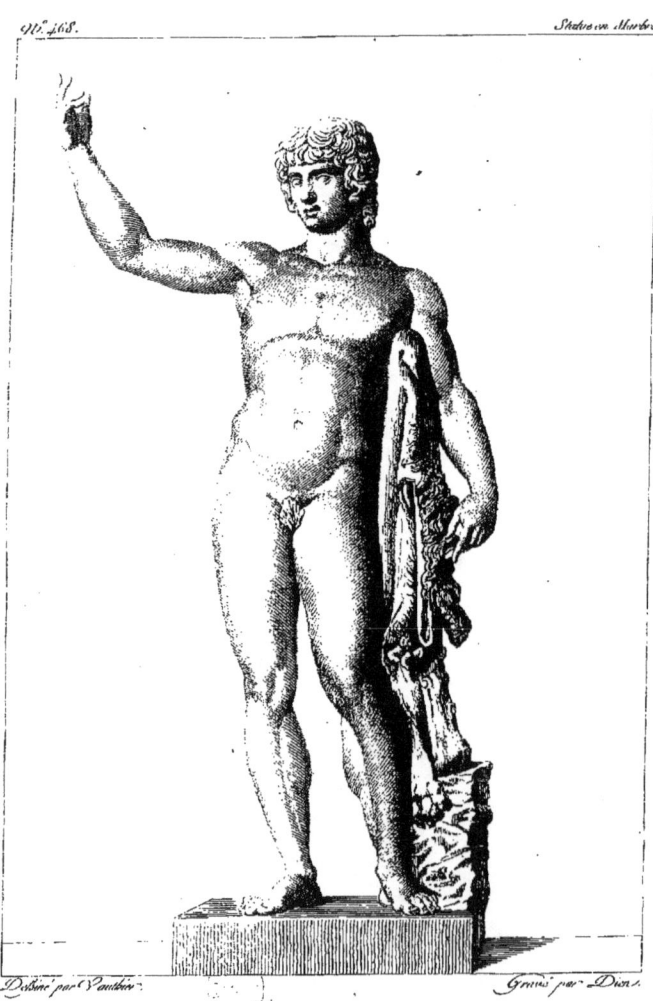

ANTINOUS.

LA VISITATION DE LA VIERGE.

EXAMEN DES PLANCHES.

SOIXANTE-DIX-NEUVIÈME LIVRAISON.

PLANCHE PREMIÈRE.

SÉBASTIEN DEL PIOMBO (Sebastiano Veneziano dit).

LA VISITATION DE LA VIERGE; *peint sur bois, transporté sur toile; hauteur un mètre soixante-six centimètres cinq millimètres ou cinq pieds; largeur un mètre trente centimètres sept millimètres ou trois pieds onze pouces.*

Si l'on demande quelles qualités doit avoir un artiste pour rendre l'exécution d'un tableau parfaite, les plus grands peintres répondront qu'il doit unir la correction du dessin à la beauté de la couleur. On pourrait présumer que cette réunion est presque impossible, puisqu'il est si rare de la rencontrer dans le même individu. Est-ce un tort de la nature, ou bien plutôt ne faut-il pas en accuser ces malheureux systèmes d'écoles qui, maîtrisant des élèves trop jeunes souvent pour en sentir les dangers, les accoutument à ne s'attacher qu'à l'étude de telle partie exclusivement à toute autre?

La vue de l'admirable tableau que nous publions, inspire un sentiment pénible à l'homme versé dans la connaissance de l'histoire des arts; elle lui rappelle qu'on ne le doit qu'à la jalousie, cette passion vile et odieuse qui ne devrait être que le partage de l'ignorance, et qui, tout à-la-fois tourment et déshonneur de l'homme qui s'y livre, paraît plus révoltante encore quand elle domine les hommes supérieurs. Qu'il est affligeant surtout de la voir si fréquemment assise à côté des talens, empoisonner la vie de ceux que le commerce des Muses semblerait ne devoir accoutumer qu'aux passions douces et aux affections généreuses! Quoiqu'il en soit, ce bel ouvrage prouve aussi que deux grands artistes peuvent s'associer pour produire un tableau parfait, et que le vœu coupable d'étouffer la gloire d'un rival, suffit pour former de ces sortes d'intelligences entre deux hommes qui peuvent marcher vers la célébrité sans le secours d'autrui.

La réputation naissante et déjà colossale de Raphaël offusquait le grand Michel-Ange. Ce dessinateur sublime sentait intérieurement ce qui lui manquait pour combattre son rival avec avantage, et cet obstacle ne faisait qu'irriter en lui le désir de briser la couronne que Rome entière décernait à l'envi au peintre jeune encore qui menaçait d'enlever à Florence la suprématie dont elle jouissait dans la peinture. Il appela donc à son aide Sebastiano Veneziano, qui, nourri dans l'école des Bellin et perfectionné par le Giorgione, avait en partage cette vivacité de coloris que la nature se plut à prodiguer aux peintres de Venise. Le tableau de la Visitation fut un des résultats de cette association assez singulière, surtout de la part d'un maître superbe, dont l'orgueil avait jusques-là regardé d'un œil de dédain quiconque s'occupait de la peinture à l'huile. Il serait à désirer que la conservation plus parfaite de ce tableau permît de juger si la jalousie de Michel-Ange atteignit le but qu'elle se proposait; mais par ce qu'il est encore, on peut croire que dans sa fraîcheur il dut être d'une comparaison fâcheuse pour Raphaël, puisqu'aujourd'hui même, dans le Musée Napoléon, où se trouvent réunies les plus belles productions du célèbre Romain, celle-ci, par le grandiose du dessin et la beauté du coloris, contrebalance encore l'admiration qui leur est si bien due.

Michel-Ange et Sébastien del Piombo ont représenté dans cet ouvrage l'entrevue de la Vierge avec Sainte Elisabeth, et l'instant où ces deux Saintes Femmes se félicitent de la circonstance heureuse qui les rassemble. Derrière la Vierge on aperçoit deux juives de sa suite. Derrière Sainte Elisabeth, mais sur un plan plus reculé, un vieillard descend les degrés d'un péristile, et semble indiquer à d'autres personnages cette entrevue, et leur en expliquer le mystère. Il est présumable que c'est Zacharie que les auteurs ont voulu représenter. Un paysage orné de riches fabriques occupe le fond de ce tableau.

Il en est peu dans la collection du Musée qui porte un caractère plus auguste. La tête de la Vierge est sublime et comparable à tout ce que la peinture a produit de plus beau; les mains sont d'un dessin admirable et les draperies d'un style vraiment *Michel-Angelesque*. Les petites figures du fond rappellent de même ce caractère de grandiosité inhérent à cette belle époque de l'Ecole florentine, et qui malheureusement peut-être a occasionné sa décadence, parce que les imitateurs de ce célèbre dessinateur ne réunissent pas un génie semblable au sien, ni égal à l'admiration qu'ils lui portaient, ont outré son style et sont tombés dans la manière.

Si Michel-Ange est sublime dans cette production, Sébastien Veneziano mérite aussi nos éloges. Il fallait être nécessairement un grand peintre pour ne pas atténuer la pureté d'un dessinateur aussi étonnant, pour conserver avec autant de respect son expression, et pour arriver à l'embellir encore par le prestige enchanteur du coloris. Comme il avait une si grande part dans un semblable chef-d'œuvre, et que d'ailleurs Michel-Ange, comme je l'ai fait observer plus haut, attachait peu d'importance à la peinture à l'huile, Sébastien del Piombo a signé seul ce tableau. C'est un des plus anciens de la collection. Il décorait déjà le palais de Fontainebleau sous le règne de François I.er

Nous profiterons de la publication de ce bel ouvrage pour faire sentir l'utilité et la nécessité de la restauration des tableaux, et faire connaître à quel point de perfection elle a été portée de nos jours à Paris, devenue la capitale des arts aussi bien que la capitale du monde. Depuis plus de quatre-vingts ans ce tableau était relégué dans les magasins. Soit incurie, soit mal-adresse, soit vétusté, il était divisé en trois parties, et les nombreuses écailles qui s'en étaient détachées accéléraient encore sa destruction. La Direction actuelle l'a fait enlever de dessus le bois et reporter sur toile. Les écailles ont été recueillies avec soin. La restauration a été aussi parfaite qu'elle pouvait l'être, et a dépassé ce que l'on pouvait raisonnablement espérer. Ainsi ce qui reste de ce magnifique ouvrage, l'un de ceux que l'on puisse le plus justement attribuer à Michel-Ange, est en assez bon état pour fournir encore une période de trois siècles. Il servira à l'étude de plusieurs générations, et tiendra dans la collection, à côté des plus admirables productions de la peinture, la place honorable qui lui est si justement due.

PLANCHE II.

RUBENS (P. P.)

VENUS ET ADONIS; *peint sur bois; hauteur dix-huit centimètres ou un pied neuf pouces; largeur quatre-vingt-deux centim. six millim. ou deux pieds six pouces.*

Ce grand peintre a représenté dans ce tableau Adonis sacrifiant à la passion de la chasse les tendres caresses de Vénus. C'est en vain que la déesse de la beauté essaie de l'enlacer dans ses bras amoureux; envain que l'Amour unit sa force enfantine aux touchantes sollicitations de sa mère. Adonis est inflexible. Il jette un regard sur sa divine amante, mais ce regard est expressif. Il lui promet son retour, mais lui annonce que son départ est résolu. Ses chiens fidèles le devancent déjà. Les deux premiers semblent lui reprocher le tems qu'il perd dans ses adieux. Le troisième, par ses bonds et ses cris, signale sa joie.

Comme composition et comme couleur, l'on ne peut rien reprocher à ce tableau; mais le style a peu de grâce et manque de l'idéal si nécessaire dans un sujet tout-à-la-fois fabuleux et érotique. Ce n'est point ainsi que les poètes se figurent les charmes de Vénus, ni les formes élégantes du fils de Cynire. Ce sont là de belles figures flamandes, mais, à coup sûr, ce ne sont ni des dieux ni des bergers de la Grèce.

Ce tableau sort de la collection du Stathouder.

LE CHARLATAN DE PROVINCE.

INTÉRIEUR D'UNE ÉGLISE.

PLANCHE III.

JARDIN (Carle du).

LES CHARLATANS DE PROVINCE; *peint sur toile; hauteur quarante-quatre centimètres ou seize pouces; largeur trente-trois cent. trois millimètres ou un pied.*

Des charlatans ont établi leur théâtre près d'une masure et d'un grand mur de clôture. L'un d'eux, le pied gauche appuyé sur une boîte ronde, joue de la guitare, et semble appeler les passans, tandis qu'un autre tenant un chien, en examine la gueule, et se dispose sans doute à administrer quelqu'orviétan à le pauvre animal. Sur le devant est un autre chien chargé d'un petit bât; c'est le porteur ordinaire de la pharmacie. Sur un plan plus éloigné, arrive un mendiant, le chapeau à la main et s'aidant d'une béquille pour marcher. Il vient sans doute implorer la commisération de ces messieurs, ou solliciter peut-être un remède pour redresser sa jambe. Un jeune chien aboie après cet homme, et le porteur de la pharmacie, averti par la colère de son camarade, se dispose à en faire autant.

Ce charmant tableau fait partie de la conquête de 1806.]

PLANCHE IV.

DELORME (A.) florissait en 1653.

INTÉRIEUR D'UNE ÉGLISE GOTHIQUE; *peint sur toile; hauteur un mètre huit centimètres ou trois pieds quatre pouces; largeur un mètre cinq centimètres trois millimètres ou trois pieds deux pouces.*

Les talens ne suffisent pas toujours pour arriver à la célébrité. Ce peintre était dans son genre un homme supérieur. Son nom annonce qu'il était français, et il est mort ignoré dans le fond de la Poméranie. L'obscurité dans laquelle il vécut, inspire un sentiment pénible. C'est peut-être parce que ces exemples se reproduisent quelque fois, que l'homme de bon sens s'indigne des succès si communs de la médiocrité. Il examine le mérite de ceux qui, faute de prôneurs, sont toujours étrangers à la renommée comme aux distinctions; il le compare à la nullité de quelques autres qui ne doivent qu'à l'intrigue l'éclat de leur nom et de leurs récompenses, et sa raison se révolte. Ce pauvre Delorme! que de fois peut-être fut-il traité avec dédain par de misérables barbouilleurs qui s'agittaient pour se faire valoir! Hélas! il est à plaindre l'homme dont l'ame ressent vivement l'ambition de la gloire, celui dont le génie a le sentiment de sa force, que son jugement éclaire sur la nature de ses talens, et qui se voit constamment oublié : et pourquoi ? parce qu'il a la dignité d'être modeste, la décence de se taire sur lui-même, l'honnêteté de ne jamais provoquer les éloges, et la loyauté de ne point déprécier ses confrères pour s'élever sur leur ruine.

Le bel ouvrage que nous publions ici prouve que son auteur était digne d'occuper une place distinguée dans la série des grands peintres de l'Ecole flamande, et que dans son genre il fut peut-être le seul qu'elle eût pu mettre, non-seulement en paralelle avec les de Wite, mais encore au-dessus des Neff et des Steinwick. Il a représenté dans ce tableau l'intérieur d'un temple, éclairé par des vitraux gothiques, au travers desquels les rayons du soleil se jouent, et vont éclairer les colonnes et les pilastres. Ces rayons percent avec plus ou moins de vivacité, selon qu'ils viennent frapper ou les vitraux colorés ou ceux qui sont blancs. A la manière dont ils jaspent les murs, les piliers et les pavés, l'on peut dire qu'il a pris la nature sur le fait. Dans le milieu du temple, à gauche et dans la quatrième travée, on aperçoit un orgue. La chaire est à droite et sur un plan plus reculé. Le fond est éclairé par une grande croisée. L'absence totale de toute espèce de tableaux, d'images et de statues, aucun simulacre d'autels, les personnages qui tous ont le chapeau sur la tête, tout enfin indique assez que c'est un temple de Calvinistes.

Ce beau tableau, d'une exécution très-précieuse, d'une couleur vraie comme la nature, porte le nom de *A. Delorme*, avec le millésime 1653.

PLANCHE V.

LÉONARD DA VINCI, né à Vinci en Toscane en 1443, mort au château d'Amboise en 1519.

UN PORTRAIT DE FEMME; *peint sur bois, hauteur soixante-quatre centimètres ou vingt-trois pouces, largeur cinquante-deux centimètres ou dix-neuf pouces.*

C'EST la première fois que nous avons occasion de parler de ce peintre vraiment créateur, dont le génie extraodinaire embrassa tant de talens divers, et les porta tous à leur plus haute perfection. Il a représenté ici une jeune femme vue à mi-corps, et placée à une espèce de croisée. Elle est vetue d'une robe rouge ornée de broderies et galons d'or. La tête est de trois-quarts et coiffée en cheveux courts et lisses. Son front est ceint d'une gance noire avec un diamant au milieu. Son col est orné d'une cordélière.

C'est à tort que ce tableau a été gravé sous le nom de la Belle Féronnière. Jamais Léonard de Vinci n'a vu cette femme célèbre, dont le Musée possède de même le portrait, mais qui n'est qu'une copie d'après un ouvrage de ce grand maître; nous partageons plutôt l'opinion de ceux qui croient que c'est le portrait de Lucrèce Crivelli, que Léonard fit à Milan.

Léonard, dont le surnom de Vinci vient d'un château situé dans le Valdarno, fils naturel d'un notaire de la seigneurie de Florence, reçut du ciel un de ces génies aussi rares que brillans, toujours élevés, toujours perçans, sans cesse avides de découvertes, et d'une audacieuse et infatigable témérité pour les tenter. Il mit à profit cette soif inextinguible de connaissances, non-seulement pour réussir dans les trois arts du dessin, mais encore dans les mathématiques, la mécanique, l'hydrostatique, la musique et la poésie, et parvint dans chacune de ces sciences à une telle supériorité, que lorsqu'il s'exerçait à l'une d'elles, il s'emblait n'avoir été formé que pour celle-là et n'avoir étudié qu'elle. A tant de qualités, il réunissait les grâces extérieures du corps, les charmes de la figure, et une adresse peu commune. Il excellait à l'équitation, à l'escrime, à la paulme, et cet incroyable assemblage de talens était encore relevé par des traits enchanteurs, fidèle miroir de sa belle ame et de ce caractère aimable qui le rendirent aussi cher à ses compatriotes, aux étrangers, aux plus simples particuliers, qu'aux plus grands princes de l'Europe, dont les faveurs et l'amitié embellirent sa vie jusqu'à son dernier jour. Tel est le portrait de ce grand peintre que tous les historiens nous ont laissé, qu'aucun de ses contemporains n'a démenti, et qui nous est confirmé par les plus célèbres écrivains italiens qui vivent de nos jours.

Il eut deux manières, selon **Lanzi**; l'une où la vigueur des ombres fait admirablement ressortir l'opposition des clairs; l'autre plus agréable à l'œil, où il procède par demi-teintes. Mais la grâce du dessin, l'expression de l'ame, la délicatesse du pinceau, brillent également dans l'un et l'autre style. Tout est gracieux dans ses tableaux, le paysage, l'architecture, les draperies, les ornemens, les fleurs, surtout les têtes.

PLANCHE VI.

JEUNE FAUNE JOUANT DE LA FLUTE.

Statue.

Appuyé sur un tronc d'arbre, l'épaule recouverte d'une peau de panthère, un jeune faune vient de jouer de la flûte, et paraît attendre qu'un autre ait terminé sa partie pour recommencer.

Cette jolie figure offre à l'étude une nature qui se trouve peu dans la sculpture antique. C'est celle de l'âge de dix à douze ans. Ce jeune enfant n'a pas encore atteint le tems de la puberté; ses membres arrondis, ses genoux gonflés, cette pose souple qu'aucun muscle ne contrarie, tout indique cet âge exempt encore des passions, où les jeux de l'enfance font notre unique étude.

Cette charmante figure vient de la *Villa Borghèse*.

JEUNE FAUNE.

CARAVAGE.

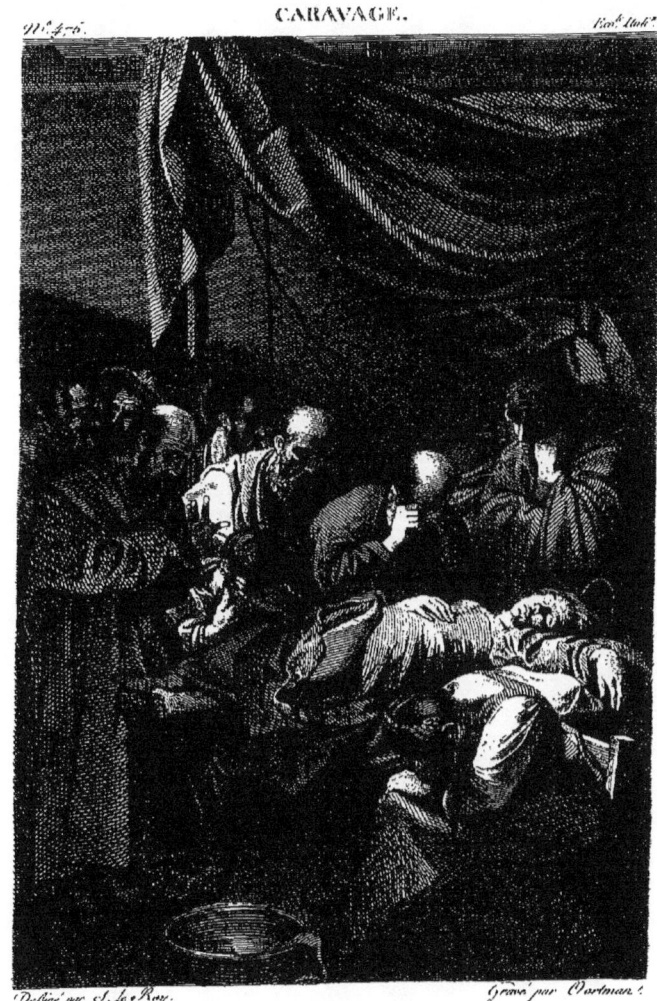

Dessiné par J. Le Roy.   Gravé par Oortman.

LA MORT DE LA VIERGE.

EXAMEN
DES PLANCHES.

QUATRE-VINGTIÈME LIVRAISON.

PLANCHE PREMIÈRE.

CARAVAGE (Michel-Angiolo-Amerighi dit le).

LA MORT DE LA VIERGE; *peint sur toile; hauteur trois mètres soixante-quatorze centimètres six millimètres ou onze pieds trois pouces; largeur deux mètres quarante-neuf centimètres trois millimètres ou sept pieds six pouces.*

Le Caravage a choisi dans l'Histoire Sacrée un sujet que rarement la peinture a traité. Ce sujet est la mort de la Vierge. L'on trouve dans les Temples catholiques, dans les Galeries des souverains, dans les Collections particulières, une foule de Nativités, d'Assomptions, de Couronnemens ou d'Apothéoses de la Vierge; mais la représentation de ses derniers momens est extrêmement rare, et si le tableau que nous allons décrire n'est pas le seul de ce genre, son auteur est au moins du nombre infiniment petit de ceux qui se sont emparés de cette scène imposante et mémorable.

Il est assez difficile de se rendre compte de l'indifférence des artistes à cet égard. Il semblerait pourtant que la mort de la Mère du Christ est un évènement bien capable de prêter à la peinture. Si cette opinion avait besoin d'être prouvée, nous l'appuierions sur le grand parti que le Caravage en a tiré, tandis cependant que ce sujet même était, par sa nature, un de ceux qui convenait le moins au genre de talent de ce grand peintre. En effet, si le Caravage, qui connaissait peu la noblesse et n'avait point d'estime, on peut le dire, pour le beau idéal, a fait un très-beau tableau en représentant cette scène, quelle impression ne produirait-elle pas si elle était exécutée par un peintre que le ciel aurait doué des qualités pittoresques qui manquaient à celui-ci? Quoiqu'il en soit, ce tableau, malgré les imperfections que la délicatesse du goût et quelquefois aussi les préventions d'école peuvent lui reprocher, n'en a pas été jugé moins digne, par tous les véritables connaisseurs, d'occuper une place distinguée dans la salle des chefs-d'œuvres de l'Ecole d'Italie, où il est exposé.

La Vierge vient d'expirer. Elle est revêtue de ses habits et couchée sur un lit, dont une vaste draperie pourpre forme le ciel. Elle a la main droite posée sur sa poitrine, et la gauche étendue sur un coussin. Les apôtres, au nombre de onze, entourent ce lit, et leurs diverses expressions, bien senties et habilement variées, décèlent parfaitement les regrets que leur fait éprouver une aussi grande perte. A côté du lit, mais sur le devant du tableau, une femme est assise. C'est sans doute celle dont l'amitié prêta ses soins tendres et généreux à la Vierge, dans le passage difficile de la vie à la mort. Cette femme est abimée dans la douleur. Sa tête s'est penchée sur ses genoux, et elle les inonde de ses larmes.

Cette figure de femme est admirable pour l'expression, et celles des apôtres sont de même fort belles pour le sentiment. Le grand crime du Caravage, aux yeux de certains critiques, fut de n'avoir, dans tous les tems, pris pour guide que la nature. Ce peintre, dans le siècle dernier, dut par conséquent n'avoir pas de grands partisans en France. On sait que pendant long-tems cet éloignement pour la nature fut poussé si loin dans l'école, qu'on en interdisait presque l'étude aux élèves. De là vient sans doute la sévérité outrée que le Dictionnaire de Watelet déploie contre le Caravage. Les auteurs de ce dictionnaire, en parlant du tableau que nous publions aujourd'hui, disaient : « On y trouve une belle
» conduite d'ombres et de lumières, une rondeur et une force mer-
» veilleuses ; mais la figure de la Vierge parut ignoble ; on crut voir une
» femme noyée, et l'on trouva le tableau indigne de la majesté d'un

» temple..... La femme assise, la tête penchée et couverte de sa main,
» indique plutôt qu'elle ne montre, une belle expression de douleur;
» dans plusieurs autres figures, la tristesse est basse au lieu d'être
» naturelle, etc. »

L'Épicié trouve aussi de la trivialité dans quelques-unes des figures des apôtres. Mais ces critiques ont-ils bien examiné si ces reproches sont fondés en raison? Le Caravage eût-il été plus digne de louanges, si, peu jaloux de la vérité historique, il eût oublié que les apôtres, en général, furent des hommes de la classe du peuple dont l'élégance des formes avait dû s'altérer par les travaux pénibles auxquels la fortune les condamnait, et qui tous, nécessairement, d'un âge avancé lorsque la Vierge cessa de vivre, devaient réunir à la grossièreté de leurs habitudes populaires les habitudes peu gracieuses de la vieillesse. Le Caravage avait à représenter des hommes du peuple, et il a choisi pour modèles des hommes du peuple; il me semble que cela est assez conforme à la raison. Quant au reproche fait à la figure de la Vierge, il ne suffit pas de dire qu'elle ressemble à celle d'une femme noyée, il faut le prouver. Cette tête décolorée n'a rien de hideux. Les traits n'en sont point dénaturés; ils n'ont rien de cette altération, de cette contraction, de ce décharnement cadavéreux, qui suivent communément même les morts naturelles. Il n'est donc ici aucune indice qu'une mort violente ait frappé cette femme. Le Baglione, dans sa notice biographique sur le Caravage, critique aussi cette figure, et dit : « Ma perchè avea
» fatto con poco decoro, la madona gonfia e con gambe scoperte? »
Mais parce qu'il avait représenté avec peu de décence la madone enflée et avec les jambes nues. Cette femme est morte : que son volume soit attribué à l'enflure, résultat d'une foule de maladies, ou à la stature idéale que le peintre lui aura prêtée, en quoi la décence est-elle offensée? Elle a les pieds nus. Est-ce là une circonstance extraordinaire dans une femme qui vient d'expirer, que tout-à-l'heure l'on va ensevelir, dans un siècle et un pays où notre genre de chaussure n'était pas connu, et dans un tableau dont tous les personnages sont également pieds nus? Le Caravage avait fait ce tableau pour l'église *della Scala in Trastevere*, à Rome; et Baglione ajoute : « Fu levata via, e la
» comperò il duca di Mantova e la mise in Mantova nella sua nobilis-
» sima galleria ». Ce ne fut donc pas, comme le disent les auteurs du Dictionnaire des Arts, parce qu'elle fut jugée indigne de figurer dans

un temple, qu'elle ne resta point à sa destination première, mais parce qu'un prince souverain désira en enrichir sa galerie.

Le Caravage était fier, irascible, orgueilleux de son grand talent. Il eut pour rival, et pour rival souvent préféré, l'homme dont la concurrence était la mieux faite pour l'irriter, je veux dire le Josepin. Audacieux, intrigant, détracteur insolent des talens d'autrui, ne dédaignant ni le mensonge, ni la calomnie pour perdre ses rivaux ; d'ailleurs, entièrement opposé de principes dans la peinture au Caravage, affectant l'oubli de la nature avec un excès égal à celui que notre peintre mettait à la copier ; c'est dans le caractère et les dédains injustes de cet homme méchant et comblé d'honneurs usurpés, qu'il faut chercher la véritable cause des torts en peinture, et du commerce difficile du Caravage. Il affecta de copier la nature jusque dans ses formes triviales, pour contredire les beautés de convention que le Josepin inventait, sans en connaître ni en fournir le type. Il exagéra l'épaisseur de ses ombres et la vigueur de ses teintes pour décolorer davantage le ton grisâtre et le coloris blafard du Josepin. Il devint querelleur et ambitieux d'honneurs, parce que son antagoniste s'autorisa de son titre de chevalier pour lui refuser de lui rendre raison d'une insulte publique qu'il lui avait faite. La postérité n'aurait-elle pas dû se montrer plus froide que les contemporains ? et est-ce bien justice dans quelques écrivains de s'être institués les héritiers de la haine du Josepin, quand il n'en a point trouvé pour le genre de son talent factice ? Josepin ! Caravage ! hommes malheureux, vous n'avez donc pas senti que sans la modestie le talent n'est qu'un état de guerre, et qu'il n'excite que la haine quand il n'adoucit pas les mœurs.

Si quelque chose put consoler le Caravage des persécutions que son rival et sa cabale lui firent éprouver, ce fut l'estime du duc de Mantoue. Le Josepin et le Caravage naquirent la même année, en 1560. Le persécuté mourut à quarante ans, le persécuteur à quatre-vingts.

Charles I.er d'Angleterre acquit dans la suite une partie des tableaux de la galerie de Mantoue, et celui que nous venons de décrire s'y trouva compris. Après la mort de ce prince, M. de Jabach l'acheta, et le céda ensuite à Louis XIV.

LE SAUVEUR DU MONDE.

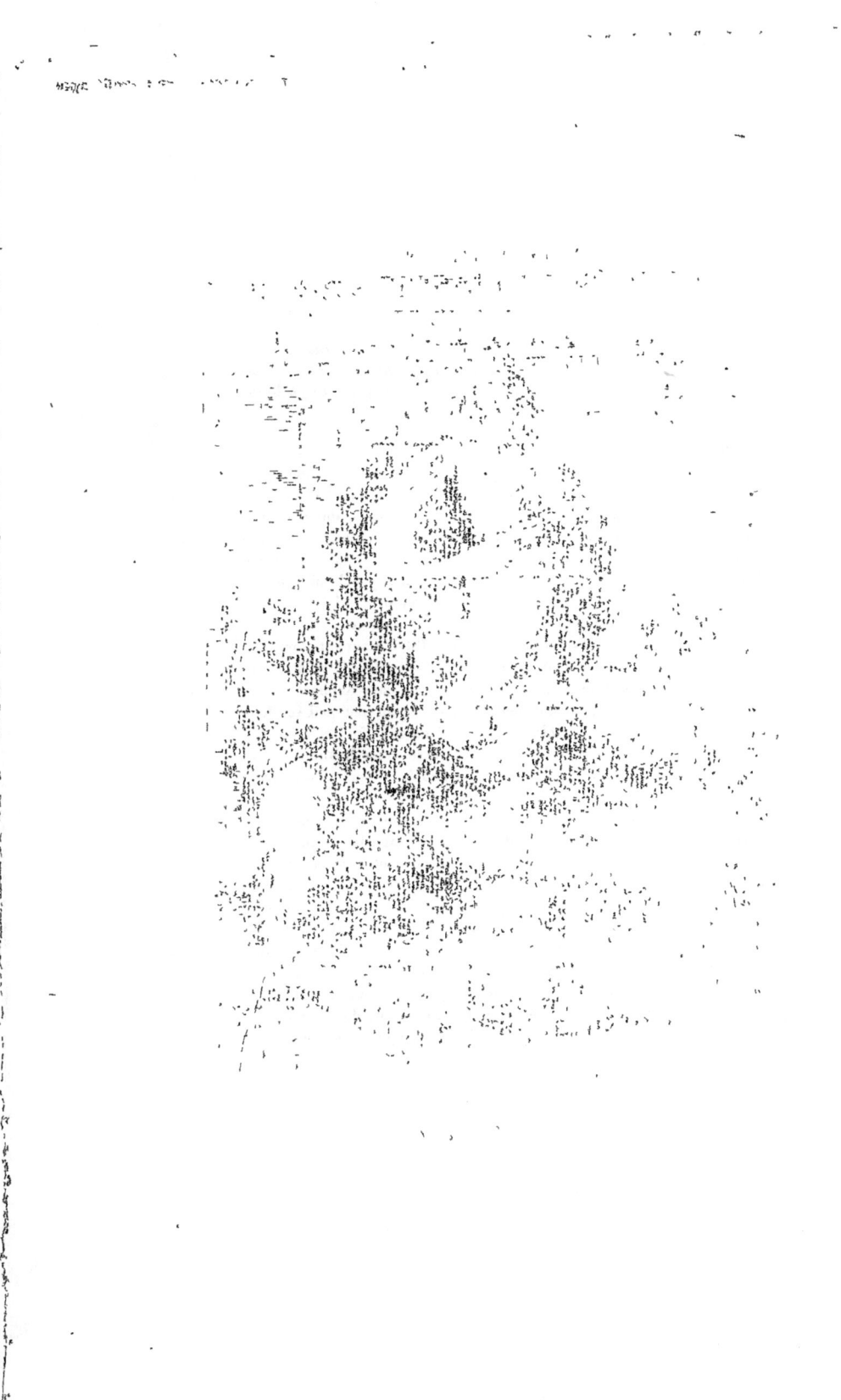

PLANCHE II.

FRA BARTOLOMEO (BACCIO DELLA PORTA, dit).

LE SAUVEUR DU MONDE; *peint sur bois, et récemment transporté sur toile; hauteur deux mètres quatre-vingts centimètres ou huit pieds cinq pouces; largeur deux mètres vingt centimètres ou six pieds sept pouces six lignes.*

En considérant ce bel ouvrage de Fra Bartolomeo, on frémit, parce qu'il rappelle qu'un fanatisme aveugle pensa arracher ce grand peintre aux arts. Un moment égaré dans sa jeunesse par le furibond Savonarole, il brûla ses productions pour plaire à cet extravagant, qui déclamait contre les arts; et peu de tems après, effrayé par le supplice de ce factieux, il s'enferma dans un cloître et renonça à la peinture. Mais à la longue, la nature l'emporta sur ses résolutions; il reprit le pinceau, et produisit ces chefs-d'œuvres qui font encore aujourd'hui la gloire de l'art, l'étude des peintres et l'admiration des gens de goût.

Raphael les vit aussi, les étudia sans doute. Est-il étonnant alors que, doué d'un génie plus délicat, il ait enfanté tant de merveilles? Mais Fra Bartolomeo aura constamment cet avantage, que, sans Raphaël, il eût toujours été l'un des plus grands peintres d'Italie; au lieu qu'il est douteux que Raphaël, sans Bartolomeo, eût été ce qu'il fut; et peut-être que sans la vue des ouvrages de cet artiste et de ceux de Michel-Ange Buonarotti, le prince de la peinture n'eût jamais été qu'un élève ordinaire du Pérugin.

Nous retrouvons, dans le tableau que nous allons décrire, ce genre de compositions symétriques et architecturales en usage dans le quinzième siècle. Il fut à la longue proscrit dans les Écoles, et c'est encore une question de savoir si le goût et les convenances gagnèrent à cette réforme. Sans doute cet arrangement méthodique des figures, cet assemblage de personnages qui semblent n'avoir entre eux aucune intelligence, ne s'occuper d'aucune action, n'être mus par aucune affection; sans doute, dis-je, ce genre de composition a quelque chose de froid; il ravit à la peinture deux de ses charmes les plus puissans, l'expression et le mouvement. Il limite le génie en le renfermant dans un cercle toujours le même, et nuit à cette liberté de conception qui se plaît à varier à l'infini les idées, et fuit toute contrainte dans la manière de les exprimer. Mais il s'agit ici de tableaux d'autels, de tableaux destinés à décorer des temples dont, communément, l'architecture est majestueuse, dont le caractère est religieux, dont l'objet est le recueillement, la méditation et l'adoration : reste alors à examiner si ces grandes scènes adoptées depuis par la peinture, si ces grands sujets, puisés dans l'histoire sacrée sans doute, mais théâtralement représentés, sont bien dans les convenances, et si, loin d'échauffer la dévotion, ils n'en distraient pas plutôt les esprits; si cette foule de figures en action, d'autant plus admirables qu'elles expriment mieux les passions que le peintre leur suppose, ne trouble pas la paix de l'ame que les fidèles vont chercher dans les basiliques, et n'altère pas en eux la tranquillité du cœur nécessaire au mérite de la prière; enfin, si le désordre que la perfection de l'art répand habilement dans l'ordonnance du tableau, pour rapprocher le plus possible la représentation de la scène de la fidélité de la nature, ne contraste pas d'une manière pénible avec la simplicité auguste des temples, n'en brise pas désagréablement la grandeur et la pureté des lignes, et n'introduit pas un papillotage fatigant au milieu de ces masses imposantes où l'œil demande le repos, comme qualité essentielle de la beauté de l'édifice. Ces réflexions ne sont pas, ce me semble, indignes d'être pesées. Il ne suffit pas de répandre dans un tableau tout le charme de l'harmonie, il faut encore qu'il soit lui-même en harmonie avec les objets qui l'environnent, sans cela ils nuisent à sa beauté, comme il dénature la leur. La décoration des édifices, quels qu'ils soient, ne consiste pas précisément dans la réunion des objets d'arts que l'on y accumule, mais dans l'illusion que ces objets y procurent. La manière de procéder à cet égard des peintres du quinzième siècle n'était donc pas aussi contraire au bon goût qu'on pourrait le croire, et il ne faut pas, ce me semble, se hâter de proscrire un genre de composition que Raphaël, tout grand homme qu'il était, ne dédaigna pas, et dont il a tiré un si grand parti dans sa Sainte Cécile. Revenons au tableau que nous publions.

Le Christ est debout sur un piédestal, à-peu-près dans la pose qu'on lui donne quand on représente la Résurrection ; il semble dire aux quatre Évangélistes que l'on voit à ses côtés : « Allez et prêchez » la morale aux hommes. » Au bas du piédestal sont deux anges servant de support au globe terrestre que surmonte un calice, symbole de

VENUS PRÉSENTANT L'AMOUR A JUPITER.

(7)

l'Eucharistie. Fra Bartolomeo a représenté la vue de Florence sur ce globe. Cette prédilection est simple : cette ville était sa patrie.

Rien de plus digne que les quatre Évangélistes. Les têtes sont très-belles, et le drappé de ces figures est tout à-la-fois d'une noblesse, d'une grandeur et d'une délicatesse extrêmes. La pose du Christ manque un peu d'élégance; les jambes de cette figure paraissent trop courtes. Les Anges sont d'une pureté de dessin et d'une vérité de couleur admirables.

On lit dans Vasari, qu'un marchand florentin nommé Salvador Billi, de retour dans sa patrie d'un voyage fait à Naples, d'après la haute réputation de Fra Bartolomeo et l'examen qu'il fit de ses ouvrages, lui commanda ce tableau, et le fit placer dans l'église *della Nunciata*, à Florence, sous le grand orgue. Pour l'accompagner dignement, il chargea le sculpteur Pietro Rossegli, de l'entourer de compartimens de marbre. Il fut sans doute déplacé dans la suite, puisque ce fut au palais Pitti que les Français le trouvèrent lors de la conquête de Florence. C'est de cette résidence qu'il a été transporté au Musée Napoléon.

PLANCHE III.

LE SUEUR (Eustache.)

VENUS PRÉSENTE SON FILS A JUPITER; *peint sur bois, hauteur un mètre treize centimètres quatre millimètres ou trois pieds cinq pouces; largeur deux mètres quarante-neuf centimètres trois millimètres ou sept pieds six pouces.*

Nous avons déjà publié plusieurs parties de ce joli poëme, que Le Sueur exécuta pour la galerie de l'hôtel Lambert, à Paris. Le lecteur se rappellera sans doute de les avoir trouvées sous les numéros 153, 158, 171 et 195. L'histoire de l'Amour est le sujet de ce petit poëme pittoresque et anacréontique.

Dans le tableau que nous mettons aujourd'hui sous les yeux du public, ce peintre ingénieux a représenté l'instant où la belle Cithérée présente, pour la première fois à la cour céleste, ce jeune enfant que le destin appelle à gouverner les Dieux, les hommes et la nature. Neptune, Junon, Diane, accompagnent Jupiter. Vénus tient l'Amour entre ses bras; la posture de cette reine de Gnide est suppliante. Implore-t-elle pour cet enfant la protection des Dieux? ou bien est-ce le pénible aveu de sa faiblesse, que la présence de son fils la force de faire? Peut-être, pour bien saisir l'intention du peintre, n'est-il pas inutile de rappeler les diverses origines que les poëtes donnèrent à l'Amour. Hésiode le fait naître du cahos et de la Terre ; Alcée, de Zéphire et d'Éris; Sénèque, de Vénus et de Vulcain; Sapho, de Vénus et de Cœlus; Simonide, de Mars et de Vénus. Selon la fable, dès que ce dernier eut vu la lumière, Jupiter qui prévit les maux qu'il occasionnerait, voulut forcer sa mère à le proscrire. Il est présumable que c'est cette version que Le Sueur a suivie; elle explique du moins l'intention qu'il a donnée à ses personnages. De-là cet air d'étonnement, et pour ainsi dire d'épouvante, que l'on remarque sur le front, dans les yeux et dans le geste de Jupiter. De-là l'attitude suppliante de la mère de l'Amour. De-là, l'intérêt touchant que Neptune et Junon semblent prendre à cet aimable Dieu. Jupiter s'alarme pour le monde et peut-être pour lui-même, des calamités et des folies que cet enfant va traîner à sa suite. Vénus frémit de l'orage qui menace son fils, et timide, peut-être, rougit d'offrir aux immortels ce gage de ses tendresses illégitimes. Neptune et Junon, sous le joug d'une influence invincible, ne voient dans l'Amour qu'un être charmant, que sa faiblesse ne peut rendre redoutable. Diane seule affecte une indifférence qu'Endymion punira quelque jour : on ne voit pas l'Amour impunément.

Cette composition est aimable, spirituelle, et délicatement exprimée. Quant à l'exécution, elle est, soit par le mérite, soit par les défauts, entièrement égale à celle des tableaux de la même suite que nous avons déjà fait connaître. Nous ne répéterons donc pas ici les observations précédentes que nous avons faites à cet égard.

PLANCHE IV.

GLAUBER (JEAN).

UN PAYSAGE; *peint sur toile, hauteur soixante-dix-sept centimètres trois millimètres ou vingt-huit pouces ; largeur un mètre ou trois pieds.*

DANS un vaste paysage baigné par un fleuve, on aperçoit sur le devant de grands arbres et une chaussée exhaussée qui semble destinée à retenir les eaux. Dans le fond, un grand édifice ombragé par des

PAYSAGE.

BŒUFS ET MOUTONS DANS UN PRÉ.

arbres, à côté desquels s'élève un obélisque d'un style peu égyptien et tenant de la décadence des arts.

Quelques figures qui ornent ce paysage sont de Gérard Lairesse. Ce tableau fait partie de la conquête de 1806.

PLANCHE V.

POTTER (PAUL).

BOEUFS ET MOUTONS DANS UN PRÉ; *peint sur toile, hauteur quatre-vingts centimètres ou deux pieds cinq pouces; largeur un mètre seize centimètres ou trois pieds six pouces.*

CE tableau du célèbre Paul Potter ne peut être considéré que comme une esquisse avancée. Cependant il n'en est pas moins digne de figurer avec les autres productions de ce grand peintre, que l'on admire dans le Musée Napoléon. Peut-être même est-il, pour les artistes, d'un intérêt plus grand, puisqu'il leur indique la manière large avec laquelle Paul Potter établissait ses masses, pour ensuite revenir, et terminer avec cette précision qui le caractérise, et que l'on remarque dans chaque partie de ses admirables productions.

Ici, sur le devant d'une vaste prairie, il a représenté trois bœufs. Sur un plan plus reculé, l'on aperçoit trois moutons qui paissent. Dans le fond, à droite et près d'une chaumière, sont d'autres bestiaux; dans le lointain on découvre un hameau. Ce grand peintre ne survécut que deux ans à l'exécution de ce tableau, ainsi que le constate la date qui accompagne sa signature : *Paulus Potter*, f., 1652.

Plus de vingt-cinq ans se sont écoulés depuis que M. Dangevilliers acheta ce tableau pour la collection du Roi; il le paya 22,000 francs. Si l'on considère l'extrême rareté des tableaux de ce maître, et le prix auquel ils sont montés aujourd'hui, il serait difficile d'assigner, même approximativement, la valeur où celui-ci serait maintenant porté dans une vente.

PLANCHE VI.

GÉNIE FUNÈBRE. — STATUE.

Cette figure est debout. Elle a les jambes croisées, les bras élevés sur la tête et le dos appuyé contre le tronc d'un pin ; la pose de cette figure est une allégorie ingénieuse dont se servaient les anciens pour exprimer le repos éternel dont l'homme jouit après la mort. Plus sages que les modernes, ils n'inspiraient point aux vivans de ridicules terreurs du trépas par des emblêmes repoussans. Les dieux Manes, les Larres, les Génies tutélaires des tombeaux, que la sculpture représentait sur les sarcophages, n'avaient rien de terrible ni d'effrayant ; on leur donnait presque toujours les formes aimables de la jeunesse. C'est ainsi que l'on voit souvent sur ces sarcophages des figures semblables à celle-ci, placées à côté de celles de Bacchus, dont les mystères avaient quelque rapport à l'opinion des anciens sur les morts. Les siècles de barbarie ont effacé toutes ces idées gracieuses, et l'ignorance, en rendant horribles toutes les images de la destruction, empoisonna la vie de l'homme et lui ravit la consolante pensée de la mort, dont la douceur embellit toutes les espérances.

Cette statue est de marbre *pentélique*. Elle vient du château d'Ecouen.

N.° 480.   Statue en Marbre.

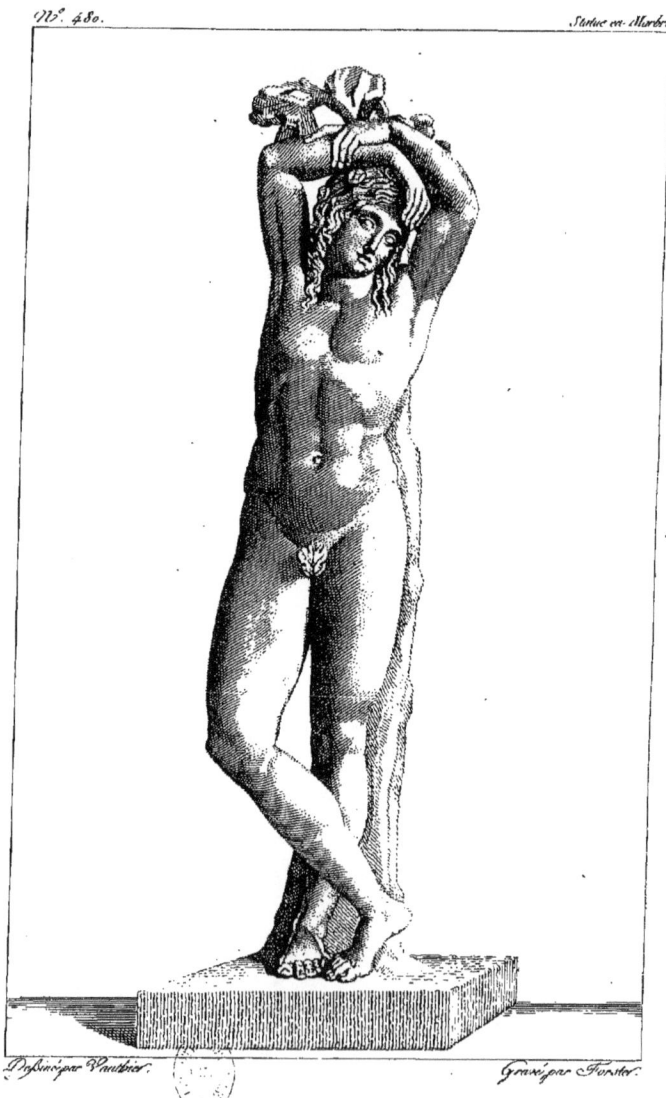

Dessiné par Vauthier.   Gravé par Forster.

GÉNIE FUNÈBRE.

LA VIERGE, St. FRANÇOIS ET St. JÉRÔME.

EXAMEN
DES PLANCHES.

QUATRE-VINGT-UNIÈME LIVRAISON.

PLANCHE PREMIÈRE.

PAUL VÉRONESE.

LA VIERGE, SAINT JÉROME ET AUTRES SAINTS ; *peint sur toile ; hauteur trois mètres quarante centimètres ou dix pieds deux pouces neuf lignes ; largeur un mètre quatre-vingt-quatorze centimètres ou cinq pieds dix pouces six lignes.*

LA forme et le sujet de ce magnifique tableau annoncent assez qu'il ne put appartenir qu'à une église ; en effet, ce grand peintre l'exécuta pour celle des religieuses de *San Zaccaria*, à Venise; église l'une des plus anciennes de cette cité superbe, puisqu'elle fut bâtie en l'an 817, par Justinien Participace, et reconstruite une seconde fois en 1457, sous le doge Foscari.

Ce tableau rentre un peu, par l'ordonnance de sa composition, dans le genre de celles que suivirent les peintres du quatorzième siècle et du commencement du quinzième ; ordonnance que l'on retrouve encore toute entière dans la célèbre Sainte Cécile de Raphaël. Elle consistait à représenter presque toujours la Vierge assise sur un trône, son fils dans ses bras, et entourée de Saints. Ces figures de Saints étaient ordinairement les portraits supposés des Saints protecteurs de la ville où se voyait le tableau, ou des Saints patrons de l'église où il était exposé. Mais ces personnages étaient sans action ; leurs gestes, leur pose, les traits de leur visage, n'annonçaient en général aucune intention ; le peintre introduisait ces figures dans son tableau, sans leur donner d'intelligences entr'elles ; et leur disposition symétrique rendait nécessairement ces compositions froides et monotones. Sans renouveler ici une question que j'ai déjà traitée ailleurs, savoir si le calme de ces sortes de compositions était plus convenable à la majesté religieuse des basiliques que les scènes agitées qui leur ont succédé, il me suffit de dire que le bel ouvrage que nous publions me semble participer des deux époques ; il se rattache par l'intention aux tableaux d'autel du quatorzième siècle, et par l'expression aux idées qui prévalaient de son tems. En effet, c'est, comme dans les premiers siècles de l'art, la Vierge assise sur une estrade, entourée de Saint Joseph, de Saint François, de Sainte Catherine, de Saint Jérôme et du petit Saint Jean ; mais aussi ce sont, comme dans les siècles plus modernes, des personnages animés par une passion quelconque, dont tous les mouvemens concourent à une action unique, et qui tous, excepté Saint Jérôme, paraissent acteurs dans une scène qui les intéresse. Voyons maintenant comment Paul Véronèse a disposé cette scène.

La Vierge est assise sur un trône élevé, placé dans une niche demi-circulaire. Elle soutient et presse contre son sein l'Enfant Jésus dont le bras droit lui embrasse le col, et qui de son pied délicat s'appuie sur le poignet de sa mère. A ses côtés est Saint Joseph courbé sur son bâton, et prêtant une oreille attentive aux paroles que profère le petit Saint Jean. Cet aimable enfant, n'ayant pour vêtement qu'une peau d'agneau qui descend avec grâce de l'épaule droite jusqu'aux talons, debout sur la balustrade dont le trône de la mère de Dieu est entouré, vu presque en entier par le dos, et tenant le symbole de la Rédemption, semble présenter à la Sainte Famille Saint François revêtu des habits de son ordre, et Sainte Catherine armée de la palme du martyre, selon la version de J. B. Albrizzi, publiée à Venise en 1770, ou Sainte Justine suivant la notice du Musée. La protection divine sollicitée par le petit Saint Jean pour ces deux saints personnages, et l'accueil favorable que la Vierge et son jeune enfant font à cette prière, telle est la scène que ce célèbre artiste a représentée avec autant de verve et d'enthousiasme, que d'esprit, de grâce et de délicatesse. Saint Jérôme est le seul personnage qui paraisse étranger aux sentimens dont le reste des acteurs est animé. Appuyé sur la balustrade, tenant entre ses mains un volume ouvert de ses homélies, les yeux à demi-fermés, il semble méditer profondément sur quelques-unes des vérités que son stilet a tracées.

Il est permis de placer cet ouvrage au rang des plus parfaits de ceux que l'art a dus à ce peintre immortel. Il semblerait qu'en l'exécutant, il se serait plu à réunir toutes les ressources de son immense talent. Ici il ne laisse rien à désirer ; tout est fait avec amour, tout est peint avec vigueur ; tout est pris dans la nature. Que la pose, que le mouvement, que la carnation de ce petit Saint Jean sont vrais ! Ne croirait-on pas l'entendre ? Ne croirait-on pas qu'il agit, qu'il remue ? Quelle expression dans toute l'habitude du corps de ce Saint François ! Que d'extase dans ce geste, dans ces yeux, dans cette bouche entr'ouverte à demi ! Mais c'est surtout la tête de Saint Jérôme qui est admirable ; quelle beauté de dessin et de couleur ! Dans le groupe de la Vierge, tout est noble, calme, auguste. C'est une idée ingénieuse d'avoir fait soutenir le voile de la mère du Christ par des chérubins ; cette hardiesse, en imprimant à cette figure une sorte de magie céleste, en augmente la dignité.

On retrouve également dans cette superbe production le goût de Paul Véronèse pour la magnificence. La partie architecturale est élégante et somptueuse. Les ornemens, les marbres, les sculptures, les tapisseries, tout est fastueux. C'est sans doute un anachronisme d'avoir revêtu Saint Jérôme du costume de cardinal ; mais ce peintre inimitable a cédé à son grand talent pour l'imitation des étoffes ; et que de vérité, que de richesse, que de luxe dans celle-ci !

La haute estime dont ce précieux tableau jouissait à Venise, qu'une succession non interrompue de si grands peintres a dû rendre si fière de son École, détermina les religieuses de *San Zaccaria* à le faire enfermer dans une armoire, que l'on n'ouvrait que pour satisfaire à la curiosité des étrangers. Il est présumable que c'est à cette précaution que l'on doit sa belle conservation.

PLANCHE II.

LE SUEUR (Eustache).

MORT DU CHANOINE RAYMOND ; *peint sur bois, maintenant sur toile ; hauteur deux mètres ou six pieds ; largeur un mètre trente-trois centimètres trois millimètres ou quatre pieds.*

Pour donner une idée parfaitement exacte du beau poëme de Le Sueur, il eût fallu peut-être suivre dans la description des tableaux qui le composent l'ordre qu'il adopta lui-même en les exécutant ; mais la marche de notre ouvrage, et le tems que réclament les travaux des graveurs, ne nous ont pas permis de suivre la même marche que le peintre. Il faut donc, pour l'intelligence entière du tableau que nous allons décrire, rappeler à nos lecteurs que nous leur avons présenté ceux où Le Sueur a dépeint la résurrection passagère et miraculeuse de ce chanoine qui, se levant de son cercueil pendant ses funérailles, et annonçant qu'il était *condamné* par un juste jugement de Dieu, accéléra par ce phénomène effrayant la vocation érémitique de Saint Bruno, son disciple.

Le sujet du tableau que nous publions aujourd'hui est l'agonie du chanoine Raymond. Professeur de théologie, il est présumable qu'il n'avait pas les vertus convenables à son état, puisque, s'il faut en croire le légendaire Giry, sa mort chrétienne et son repentir ne purent le sauver, et que *le Demon s'empara de son ame*. On sait assez que depuis long-tems l'église tient pour apocryphe toute cette histoire du chanoine Raymond, et que le pape Urbain VIII l'a fit supprimer de la légende de Saint Bruno. Mais, fausse ou vraie, Le Sueur fit bien de s'en emparer, et les peintres aussi bien que les poëtes ne sont pas tenus à la même sévérité que les historiens.

Il a donc représenté le chanoine Raymond sur son lit de mort. Il rend les derniers soupirs. L'on vient de lui administrer les sacremens. Quelques-uns de ses confrères l'entourent. L'un d'eux essaie encore de faire entendre à son oreille des paroles de consolation, et lui présente l'effigie du Dieu qui se sacrifia pour le salut du genre humain.

LA MORT DU CHANOINE DIOCRE.

Deux jeunes acolites sont auprès du lit. L'un tient un cierge allumé; l'autre, à genoux, lit les prières des agonisans. Un chanoine agenouillé aux pieds de la couche du moribond, sur laquelle son coude s'est appuyé, semble méditer sur la fragilité de la vie, et le terme où viennent aboutir tous les honneurs, toutes les gloires et toutes les espérances. Près de lui se voit une petite table couverte d'un tapis, sur laquelle sont déposées les saintes huiles et les vases nécessaires à l'extrême onction. Quant à Saint Bruno, que le peintre a placé sur le premier plan, il s'est prosterné, et dans sa douleur profonde, les bras appuyés sur un siége, les mains jointes, la tête courbée vers la terre, les yeux fermés, il prie avec ferveur pour le repos éternel d'un professeur savant dont il s'honorait d'être l'élève et l'ami. Jusques-là tout est noble, tout est religieux, tout est édifiant dans cette scène; mais par une singularité un peu étrangère à la gravité du talent de Le Sueur, il a placé au chevet du mourant un petit Diable en embuscade, les ailes ouvertes, les griffes allongées sur l'oreiller, la tête presque sur le front du chanoine, semblant épier son dernier soupir, pour agripper l'ame à l'instant du départ. C'est peut-être à cet épisode un peu burlesque que l'on doit ces vers si connus de Voltaire, plus excusables sans doute dans le poëme dont ils font partie, que cette figure ne l'est dans un tableau de ce genre :

>   Au pied du lit se tapit le Malin
>   Ouvrant la griffe, et lorsque l'ame échappe
>   Du corps chétif, au passage il la happe;
>   Puis vous la porte au fin fond des enfers,
>   Digne séjour de ces esprits pervers.

Par une licence que d'autres peintres se sont également permise, Le Sueur a représenté une double scène. On voit les chanoines porter processionnellement au tombeau le corps de Raymond.

Ce tableau est le second de la suite de l'histoire de Saint Bruno, si célèbre sous le nom de Cloître des Chartreux, et que l'on voit aujourd'hui dans la galerie du Sénat. Cette composition est savante et bien entendue; l'expression de toutes ces figures est admirable; enfin ce tableau mérite tous les éloges que nous avons déjà donnés à ceux de la même suite que nous avons précédemment décrits.

PLANCHE III.

POELEMBURG (Corneille).

LA VIERGE, L'ENFANT JÉSUS ET DES ANGES; *peint sur bois; hauteur vingt-six centimètres huit millimètres ou dix pouces; largeur trente-un centimètres ou onze pouces six lignes.*

Rien de plus ingénieux et de plus aimable que la pensée première de ce tableau. Supposer que la terre est un séjour trop prophane pour posséder le portrait de la Reine des Cieux; charger des Anges de lui ravir ce précieux dépôt; les représenter sous les formes les plus gracieuses, brillans des charmes et de la touchante naïveté de la plus tendre jeunesse, réunissant leurs forces enfantines pour transporter sous les lambris célestes ce portrait enchanteur, folâtrant, planant, se balançant dans les airs, peuplant l'espace de leurs groupes nombreux, l'animant de leur allégresse, l'échauffant pour ainsi dire de leur souffle divin; cette idée ne pouvait naître que d'une imagination riante, et pour la rendre sur la toile telle que nous la voyons ici, il fallait être poète et peintre tout ensemble.

La Vierge est figurée dans un médaillon. Elle tient sur son sein son divin enfant. Des Anges ont entouré le portrait d'une guirlande de roses, et l'emportent vers les cieux. Quelques-uns, des myrtes et des palmes dans les mains, semblent précéder le cortège. D'autres, plus contemplatifs, soutenus par leurs ailes diaphanes, regardent, admirent, adorent ce portrait de leur souveraine. Ceux-ci décèlent par leurs jeux l'hilarité qui les anime. Ceux-là plus empressés s'enfoncent et se perdent déjà dans la vapeur des cieux, et ces premiers annonceront l'arrivée de ce trésor jusques alors étranger aux voûtes éternelles.

Telle est la manière dont Poelemburg a senti et exprimé cette scène aérienne. Il faut augurer assez bien de sa modestie pour présumer qu'il n'a pas pensé que parmi les milliers de portraits de la Vierge qui sont répandus sur la terre, celui qu'il exécuta dût, par prédilection, obtenir l'honneur d'être exposé dans les galeries du ciel. Selon toute apparence, il a eu en vue dans cette ascension le portrait prétendu que l'on attribue à l'évangéliste Saint Luc. D'après cette explication, l'orgueil de tant

LA VIERGE, L'ENFANT JÉSUS ET DES ANGES.

CHAMPAGNE.

PAYSAGE.

de peintres si féconds en Madones demeure sans blessure, et l'humilité chrétienne imposera silence aux critiques jalouses de leurs élèves ou de leurs partisans.

Il est probable que Poelemburg exécuta ce tableau pour l'oratoire de quelque princesse.

Le Musée Napoléon le doit aux conquêtes de 1806.

PLANCHE IV.

CHAMPAIGNE (Philippe de).

UNE SOLITAIRE VISITÉE DANS SA CELLULE ; *peint sur toile ; hauteur deux mètres seize centimètres ou six pieds six pouces ; largeur trois mètres trente-trois centimètres trois millimètres ou dix pieds.*

Dans la trente-deuxième livraison de cet ouvrage, planche 190, nous avons publié le tableau qui fait pendant à celui que nous décrivons aujourd'hui. Champaigne a représenté dans celui-ci une pieuse solitaire en prière dans sa cellule. Un religieux de quelque monastère voisin vient lui rendre visite. Au côté opposé, on en voit un autre en adoration auprès d'une cabane, dont le toit couvre une espèce d'autel rustique. Le site choisi par le peintre est extrêmement sévère ; c'est celui qui convient à la vie contemplative, et dont l'on trouve plusieurs descriptions dans les Pères du Désert. Cette thebaïde est composée de rochers escarpés, fréquentés par les bêtes fauves, et d'où se précipite avec un bruit sinistre un torrent qui tombe de cascade en cascade, et va se perdre dans un étang, empire des hérons. Sur la cime la plus escarpée, on aperçoit une chèvre.

Champaigne peignit ce tableau, ainsi que celui que nous avons rappelé au commencement de cette notice, pour les religieux de Port-Royal. C'est de ce monastère qu'il est venu au Musée.

PLANCHE V.

BERCKHEYDEN (Guerard), né à Haarlem, mort en 1693.

UNE VUE DE HAARLEM; *peint sur toile; hauteur soixante-six cent. six millimètres ou deux pieds; largeur soixante-douze centimètres ou deux pieds deux pouces.*

Nous ne pouvons indiquer à nos lecteurs quelle est l'église de Haarlem que Berckheyden a représenté dans ce tableau, n'ayant point vu cette ville, qui se glorifie d'avoir donné la naissance à l'imprimerie, ainsi que ses magistrats ont voulu le constater par l'inscription suivante qu'ils ont fait placer sur la maison qu'occupait, vers l'an 1440, Laurent Coster, qu'ils regardent comme l'inventeur de ce bel art :

Memoriæ sacrum
Typographia
Ars artium optima
Conservatrix
Hic primum inventa
Circum annum MCCCCXL.

Cette prétention des habitans de Haarlem a donné lieu à une foule d'ouvrages pour la combattre; mais le résumé de toutes les contestations qui se sont élevées sur le lieu qui a donné la naissance à l'imprimerie, est que si Haarlem ne peut se flatter d'avoir produit le premier livre imprimé en caractères mobiles, c'est à Laurent Coster que l'on en doit peut-être l'idée, par les planches de bois sur lesquelles il gravait les lettres qu'il imprimait ensuite.

Berckheyden a représenté une grande église séparée par des arbres d'une plus petite, à la porte de laquelle deux personnes sont en prière; sur le devant, on voit un chartier conduisant un chariot traîné par des bœufs, et derrière, une jeune villageoise suivant son troupeau.

Ce tableau d'une couleur très-vraie, vient de la conquête de 1806.

PLANCHE VI.

THERPSICORE. — STATUE.

Cette Muse, ainsi que ses compagnes, a été découverte à Tivoli dans la maison de Cassius. L'ouvrage entier est de marbre *pentélique*. La tête, quoique antique, est rapportée.

VUE DE HAARLEM.

TERPSICHORE.

LE REPOS DE LA Sᵗᵉ FAMILLE.

EXAMEN DES PLANCHES.

QUATRE-VINGT-DEUXIÈME LIVRAISON.

PLANCHE PREMIÈRE.

POUSSIN (NICOLAS).

REPOS DE LA SAINTE FAMILLE; *peint sur toile; hauteur soixante-douze centimètres ou deux pieds deux pouces; largeur cinquante-un centimètres huit millimètres ou un pied sept pouces.*

TANT de peintres se sont exercés sur ce sujet, et dans le cours de cet ouvrage nous avons décrit tant de tableaux consacrés à représenter cette religieuse émigration, que nous croyons inutile d'en répéter ici la partie historique. Il nous suffira de dire que la Sainte Famille fut forcée de fuir loin de la Judée, pour se dérober à l'ordre barbare d'Hérode. Le Poussin a supposé qu'elle touchait au terme de son pénible voyage, et lui fait goûter quelques instans de repos sur les bords d'un fleuve. Il a rendu Sainte Elisabeth et son enfant compagnons de la Vierge et de Saint Joseph; et voici comme il a disposé ces saints personnages. La Vierge est assise sur un tertre, et tient sur ses genoux l'enfant Jésus. Sainte Elisabeth, accroupie devant elle, tient dans ses bras le petit Saint Jean, qui répond aux tendres caresses de l'intéressant ami de son enfance. Saint Joseph est debout; ses mains sont jointes, ses yeux sont baissés; la méditation règne sur cette belle tête. On sent qu'il bénit mentalement ces deux innocentes créatures, et les deux mères chéries qui leur prodiguent leurs soins.

Un sentiment doux, une confiance mutuelle, une affection réciproque animent ce groupe composé avec cet esprit, cette entente, cette sagesse qui distinguent les ouvrages de ce grand maître. C'est dans l'expression des personnages qu'il faut chercher la scène qu'il représente. Ces illustres fugitifs sont à-coup-sûr hors de l'empire d'Hérode; ils ont touché une terre hospitalière; on le sent au calme qu'ils goûtent. Les alarmes ont cessé; les inquiétudes ont disparu; la paix embellit tous ces fronts, et le cœur si long-tems agité de ces mères craintives, s'abandonne tout entier au spectacle touchant de l'union mistérieuse de leurs enfans. Ainsi s'explique le voisinage de cette ville que l'on aperçoit dans le fond : voisinage indiscret et dangereux si cette famille avait encore quelque chose à redouter des atteintes de son persécuteur, et qu'un peintre aussi réfléchi que le Poussin eut évité dans un tableau destiné simplement à représenter une fuite de la Sainte-Famille.

Les peintres italiens, même les plus célèbres, toujours si féconds en sujets de ce genre, ont rarement évité d'y mêler quelques anachronismes, ou quelques accessoires peu dignes de la gravité de semblables scènes : tantôt ils ont armé le petit Jean-Baptiste de l'instrument de la rédemption, et mis entre ses mains la croix sur laquelle devait périr celui dont cependant il n'était que le précurseur : tantôt c'est quelque Saint, postérieur de plusieurs siècles, qu'ils admettent à la suite du Christ encore enfant. Peu d'entre eux ont oublié le baton dont la solidité soulage la marche de Joseph apesantie par l'âge, et le sobre animal chargé des ballots de la famille, mais que sa lenteur naturelle aurait dû faire rejeter d'un voyage où le salut de ceux qui l'entreprennent dépend de leur célérité. Ridicule pour ridicule, des coursiers pour une fuite eussent été ce me semble plus excusables qu'un âne. Le Poussin ne s'est point deshonoré par ces puérilités. Tout est noble, grave, majestueux dans son tableau. Il présente à l'œil les objets de la vénération religieuse d'une grande portion des habitans du globe, et il les a assez respectés lui-même pour les dégager de tout ce qui rappelle les infirmités et les besoins de l'humanité. Il a prêté à ces personnages la simplicité

N°. 488. FERDINAND BOL. Ecol. Flam.de

Des. par Plonski. Gra. par Coutouma.

LA CIRCONCISION.

de l'antique, et a ennobli son sujet en écartant tout ce qui tient à la familiarité des usages domestiques.

Mais peut-être objectera-t-on que rien n'annonce la longue course que cette famille vient de fournir : la nudité de ces enfans; les belles et vastes draperies dont ces femmes sont couvertes; l'ajustement soigné de l'homme qui les accompagne, tout cela permet-il de supposer que ces personnages viennent de traverser jour et nuit de lointaines contrées? ne croirait-on pas plutôt que cette famille vient de franchir les portes de cette ville pour respirer l'air embaumé de la campagne, et qu'elle goûte, dans le calme de la vertu, le spectacle d'un beau ciel, d'un site enchanteur, et des jeux de l'innocence. Cette objection sans doute n'est pas dépourvue de raison. Mais si l'on daigne réfléchir que dans les opinions religieuses, cette famille privilégiée n'est point renfermée dans le cercle des habitudes humaines, on pardonnera au Poussin de n'avoir point oublié que la divinité empreinte sur elle lui rend possible tout ce qui paraîtrait invraisemblable dans toute autre.

Quoique ce tableau ne soit pas au nombres des grandes compositions de ce célèbre peintre, il n'est pas cependant indigne de lui. La composition en est noble et simple : il est sagement pensé; la tête du Saint est très-belle.

Il faisait anciennement partie de la collection des rois de France.

PLANCHE II.

BOL (FERDINAND), né à Dordrecht vers 1600; mort en 1681, fut élève de REMBRANT.

LA CIRCONCISION; *peint sur bois; hauteur soixante-six centimètres six millimètres ou deux pieds; largeur cinquante-quatre centimètres six millimètres ou un pied huit pouces.*

IL ne faut pas confondre l'auteur de ce tableau avec le *Jean* ou *Hans Bol* de l'école flamande qui s'illustra dans le seizième siècle par des tableaux de marine, des gouaches, des paysages et des sujets historiques, et dont les productions furent assez estimées pour mériter d'être traduites par les célèbres graveurs Sadeler. Ferdinand Bol vint au jour soixante ans après celui-là, et, formé par Rembrant, il mit sa gloire à imiter son maître avec une exactitude scrupuleuse et que l'on pourrait même appeler minutieuse. Il suffit d'examiner ce tableau pour s'en convaincre. Ces figures, les draperies dont elles sont couvertes, l'espèce de turban dont elles sont coiffées, la forme de leurs barbes, l'habitude de leurs corps, tout, enfin, jusqu'à l'effet de la lumière et au genre de l'architecture, tout dis-je, se retrouve dans les tableaux où le Rembrant a représenté des cérémonies juives. Avec cette servilité d'imitation, on peut réussir sans doute à faire un bon tableau, mais l'on n'arrive jamais à une haute renommée; la gloire ne couronne dans les arts que l'originalité. Heureux le peintre qui puise les élémens de la science dans les leçons d'un grand homme; mais malheureux celui qu'un enthousiasme d'école conduit à donner des fers à son propre génie.

Bol a représenté dans ce tableau l'accomplissement d'une loi si rigoureusement observée chez les Hébreux, que le rédempteur du monde ne dédaigna pas de s'y soumettre; le grand prêtre assis tient sur ses genoux l'enfant Jésus, tandis que devant lui un prêtre à genoux, revêtu des ornemens sacerdotaux, administre à cet enfant ce baptême de sang. Les parens, les femmes et les amis de la famille, composent ce groupe principal. Sur le devant trois docteurs de la loi assistent à cette cérémonie, et l'un d'eux plus en évidence porte un chandelier à trois branches. Des Scribes, des Pharisiens et une foule de peuple occupent le fond du tableau, et se perdent dans l'obscurité qui règne sous les portiques de ce temple immense.

Ce tableau auquel la critique pourrait reprocher de nombreuses atteintes à la vérité des costumes, telles par exemple que ces habits moitié flamands, moitié espagnols, dont le peintre a affublé ces deux petits pages : ce tableau, dis-je, se distingue par la vigueur et la force du coloris. Mais est-il bien certain qu'il sorte des pinceaux de Ferdinand Bol? cette incertitude est permise, puisque tous les élèves de Rembrant ont ainsi que lui travaillé dans la manière du maître.

L'on doit ce tableau aux conquêtes de 1806.

PLANCHE III.

WERFF (Adrien van der).

DIANE ; *peint sur bois ; hauteur vingt-neuf centimètres cinq millim. ou onze pouces ; largeur vingt-quatre centimètres ou neuf pouces.*

DIANE seule, à l'entrée d'une forêt, dans un site sauvage, et dont la solitude est garantie par des rochers escarpés, s'est dépouillée de ses vêtemens et se dispose à prendre le bain dans un ruisseau dont l'onde limpide coule à ses pieds. D'une main elle déroule ses longs cheveux, et de l'autre soulève la draperie qu'elle vient de quitter ; à ses côtés est un carquois rempli de flèches.

Cette figure est celle de Diane, parce qu'ainsi le dit le titre du tableau, mais rien ne prouve que ce soit plutôt cette déesse que quelqu'une de ses nymphes. Pourquoi n'a-t-elle pas sur la tête le diadème qui distingue les divinités ? cet oubli est peu pardonnable à un homme aussi instruit que le chevalier Vander Werff. Une mal-adresse bien plus grande, est d'avoir mis totalement dans l'ombre la tête de cette figure, ensorte que de loin l'on n'aperçoit que le torse, dont le ton d'un blanc d'ivoire fait paraître tout ce qui l'entoure entièrement privé de lumière. La pose manque absolument d'élégance. La draperie sur laquelle elle est assise est d'un effet ridicule, et en général le dessin est d'une froideur glaciale : défaut assez ordinaire à ce peintre.

Ce tableau fait partie de la conquête de 1806, et porte la signature du chevalier *Vander Werff*.

PLANCHE IV.

LORRAIN (Claude).

UN PORT DE MER ; *peint sur toile, hauteur un mètre cinq centim. trois millimètres ou trois pieds deux pouces ; largeur un mètre trente-sept centimètres ou quatre pieds un pouce.*

CE que la puissance de la couleur, la richesse de l'imagination et l'observation de la nature peuvent fournir de moyens à un artiste pour rendre un tableau précieux, se trouvent réunis dans celui-ci.

Ce célèbre paysagiste voulant offrir aux yeux le magnifique spectacle d'un soleil couchant, a choisi de préférence les contrées du midi, où le ton chaleureux du ciel, l'éclat brillant de la nature, et la tranquillité des mers, plus rarement troublée par les tempêtes, répondent si bien à l'effet qu'il voulait produire. C'est à coup sûr un port de la Méditeranée qu'il a voulu peindre ; mais quel est-il ? On retrouve bien ici cette pompe maritime, cette opulence commerciale, ce mouvement, cette activité, cette vie, heureux partage des cités où cent vaisseaux apportent chaque jour les tributs des deux mondes ; mais ces vastes monumens, ces palais somptueux, ces fabriques gigantesques, de quelle moderne Tyr enrichissent-ils aujourd'hui les bords ? C'est là la partie poétique, c'est l'idéal de ce tableau superbe. C'est ainsi que Bernard, immolant la vérité à la poésie, a peint la modeste Raguse :

> Sur les confins de l'Epidaure antique
> Paraît Raguse au bord adriatique.
> Là, cent palais, souverains de ces mers,
> Le pied dans l'onde et le front dans les airs,
> Un port superbe, abri de la fortune,
> Sauvent Plutus des fureurs de Neptune.

Pardonnons aux fils d'Apollon et de Dibutade, les illusions qu'ils nous procurent, et jouissons des brillantes impostures du génie, sans nous inquiéter si les monumens qu'elles enfantent frapperont quelque part le voyageur surpris.

Rien de plus majestueux et de plus élégant que les édifices dont le peintre à décoré les quais de ce port magnifique : séparés entr'eux par des canaux, on aperçoit les poupes, les proues, les éperons des galères, des brigantins, des vaisseaux que le commerce y recèle. La grève est couverte des caisses, des ballots, des tonnes que leurs flancs renfermaient, ou que l'on va leur confier. Des navires dont le départ s'apprête, ou qu'un vent favorable vient d'amener peut-être, sont mouillés non loin du bord, et les chaloupes qui vont les visiter peuplent et animent le large bassin qui les sépare de la ville. A terre, les aimables jeux se mêlent à l'utile travail. Ici un Castillan soupire sur sa guitare l'amoureuse romance dont la plainte mélancolique

UN INTÉRIEUR D'ÉGLISE.

captive l'attention de cette jeune fille. Là, c'est l'approche du soir
dont les douceurs appellent ce groupe qui folâtre sous le tendelet de
cette barque. Mais quelque brillant que soit le théâtre où le peintre
a placé ses acteurs, ces acteurs sont des hommes; il faut bien que
les hideuses passions percent quelque part ; aussi deux matelots se
battent à outrance, et, pour les séparer, un supérieur orgueilleux
présume que le glaive sera plus éloquent que la raison, et met l'épée
à la main contre eux.

Dans le fond, l'on aperçoit à droite une tour qui protège l'entrée
de la jetée; à gauche, le phare qui dans la nuit guide les pilotes :
à l'horison, des vaisseaux qui poursuivent leur route.

On reconnait à cette architecture navale le siècle où vivait le Lorrain.
Ces dunettes étroites et élevées n'existent plus; ce n'est plus de cette
manière que les mâtures sont faites; et si l'on ne savait pas que depuis
deux cents ans, la science des constructions maritimes a fait des pas
de géant, les gens du métier pourraient croire que ce peintre n'a
jamais vu de vaisseaux. Ceux-ci ressemblent à ces simulacres ridicules
qu'exécutent par fois les charpentiers de la Seine. Pour se faire une juste
idée des vaisseaux, ce sont les tableaux de Vernet qu'il faut consulter.

Ce bel ouvrage était depuis long-tems dans la collection des rois de
France.

PLANCHE V.

NÉEFF (Peter).

VUE DE L'INTÉRIEUR D'UNE ÉGLISE ; *peint sur cuivre; hauteur
vingt-huit centimètres ou neuf pouces neuf lignes ; largeur trente-huit
centimètres six millimètres ou quatorze pouces.*

L'artiste a représenté quelques catholiques en prière dans une
église à l'instant du salut · la bénédiction se donne dans une chapelle
latérale : le prêtre fait cette cérémonie sur un autel modeste et simplement
orné de deux chandeliers. Trois choristes chantent debout devant un
lutrin. Les autres personnages, en très-petit nombre, épars, soit dans
la chapelle, soit dans la nef principale de l'église, sont à genoux.

Un mendiant placé au-dessous de l'orgue s'est incliné sur son bâton pour recevoir la bénédiction.

Cette chapelle est la partie la plus éclairée de ce tableau. Le reste de l'édifice ne reçoit le jour que par des lampes, dont les clartés propagent d'espace en espace la lumière, et viennent frapper les piliers et le pavé.

Sur le devant, un personnage, distingué sans doute, si l'on en juge par son habillement, sort de l'église, précédé d'un flambeau. On se demande pourquoi ce flambeau ? Il est assez difficile de résoudre cette question. Si c'est véritablement ici la vue exacte d'une église existante, le peintre n'a-t-il pas voulu indiquer par ce flambeau la porte par où l'on descend dans l'église inférieure que ce personnage, voyageur ou curieux, va visiter guidé par ce *Cicero* qui l'éclaire ? On se demande encore pourquoi cet homme sort à l'instant de la bénédiction ? cela paraît inconvenant. Chaque jour offre l'exemple de mille inconvenances semblables dans les églises des grandes villes. Cette chapelle sans doute appartient à quelque confrairie : la cérémonie qui s'y fait n'est point paroissiale; elle n'est relative qu'au petit nombre d'individus attachés à cette confrairie. Elle n'annonce point une fête obligatoire à tous les fidelles; de là l'indifférence de cet homme : indifférence dont l'on est journellement témoin dans les cathédrales en pareilles circonstances.

Ce tableau est d'un effet piquant et d'une exécution précieuse. Il est dû aux conquêtes de 1806.

PLANCHE VI.

MENANDRE. — Statue.

Ce poète célèbre est assis sur un siége dit *hémicycle*, à cause de son dossier circulaire. Il est vêtu du *pallium*, et ne porte point de barbe.

Cette figure est fort belle. Elle est de marbre *pentélique*. Elle fut découverte vers la fin du seizième siècle, sur le mont Viminal, à Rome, dans les jardins du couvent de Saint-Laurent. Elle orna les bains d'Olympias. Sixte-Quint la fit transporter à la *Villa Muntalto*, depuis *Negroni*. Pie VI la plaça au Musée du Vatican.

LE POËTE MÉNANDRE.

LA VIERGE AU LAPIN.

EXAMEN DES PLANCHES.

QUATRE-VINGT-TROISIÈME LIVRAISON.

PLANCHE PREMIÈRE.

TITIEN (Tiziano Vecellio).

LA VIERGE AU LAPIN; *peint sur toile; hauteur soixante-douze centimètres ou deux pieds deux pouces; largeur quatre-vingt-huit centimètres ou deux pieds huit pouces.*

Il ne faut pas chercher l'origine de ces dénominations triviales données à beaucoup de Madones, ailleurs que dans l'usage où les peintres d'Italie, même les plus célèbres, ont été de répéter plusieurs fois des sujets, dont la Vierge et l'Enfant Jésus étaient les principaux personnages. Ces tableaux jetés dans le commerce, présentent entr'eux des nuances plus ou moins fortes de mérite, dont l'appréciation aura dû servir de base aux spéculations des marchands. Il est assez naturel de penser que ces hommes qui ne joignent pas toujours aux connaissances dans les arts qu'exige leur profession, cette élégance de langage que l'on doit à l'éducation, auront souvent saisi dans ces tableaux l'objet le moins noble, pour indiquer celui d'entr'eux dont la beauté supérieure se sera vue consacrée par les prix élevés où la concurrence des amateurs les aura constamment portés. Delà ces dénominations ridicules de la Vierge *à l'Ecuelle*, de la Vierge *aux Cerises*, de la Madone *delle Pesce*, de la Vierge *au Lapin*, etc.. etc., qui se sont perpétuées en dépit du goût, et l'on pourrait presque dire en dépit du respet que doivent inspirer et la gravité des sujets et la dignité des talens des hommes qui les ont traités.

Dans le tableau du Titien, la Vierge est assise sur le gazon. Elle pose la main gauche sur un lapin blanc. L'Enfant Jésus que Sainte Catherine porte dans ses bras, exprime, à la vue de ce joli animal, son innocente joie, et le désir qu'il éprouve de pouvoir s'en saisir. Par terre et devant la Vierge, est une corbeille d'osier remplie de différens fruits. A droite et sur un plan plus reculé, l'on aperçoit un pâtre accroupi; sa tête est ceinte d'une couronne de feuillage. Son troupeau paît autour de lui. Il caresse une brebis noire. Le paysage richement cultivé, un peu montueux sur la gauche, mais d'une immense étendue, s'enfonce sous l'horison, et laisse découvrir dans le lointain les somités des édifices d'une grande ville.

L'Epicié n'a vu ce tableau que superficiellement, ou peut-être n'en a parlé que d'après quelqu'un peu instruit. S'il se fut donné la peine de l'étudier avec un peu d'attention, il n'eût point transformé le patre qui joue avec la brebis noire, en Saint Joseph. Titien avait trop d'esprit, trop de goût, trop d'érudition pour représenter Saint Joseph couronné de feuilles de chêne ou de lierre, et dans le costume que la fable prete aux adorateurs de Pan. L'on a reproché à ce peintre illustre quelques anachronismes ; mais il ne sont point de ce genre ; et il n'eût point prêté à l'époux de Marie cet air de paganisme qui, dans un siècle moins tolérant que le nôtre, eût peut-être compromis sa tranquillité. Ce peintre savant mérite qu'on lui prête une idée plus ingénieuse. Il a voulu rappeler la mithologie des anciens par cette couronne champêtre, attribut ordinaire des divinités rustiques, et par la couleur de cette brebis qui semble la consacrer aux autels des dieux infernaux. Il a voulu encore, par l'éloignement de ce groupe, indiquer que le paganisme allait disparaître devant le Sauveur du monde; et par la blancheur du joli quadrupède, objet des vœux de l'Enfant Jésus, annoncer que la pureté était la première des vertus dans le culte qui vient de naître. Les faiseurs de descriptions de tableaux devraient quelquefois se prémunir contre la routine. Parce

N.º 494.   CONING.   Éc.ᵉ Flam.

Dessiné par Plonski.   Gravé par Oortman.

L'ADORATION DES MAGES.

que dans mille tableaux de Vierge on trouve un Saint Joseph, ce n'est pas une loi que le peintre ne puisse enfreindre, et quand on décrit un tableau, l'on doit faire en sorte de voir par les yeux de l'auteur bien plus que par les siens.

Les amateurs n'ont pas été d'accord sur le mérite de cet ouvrage. Louange excessive ou critique emportée, voilà l'exagération commune aux deux partis. Il est au reste bien peu de productions de ce grand maître qui n'aie éprouvé un sort pareil. La postérité met tout à sa place, et délivre les beaux ouvrages et de leurs prôneurs et de leurs détracteurs. Ainsi nous admirons dans ce tableau, avec l'historien que nous venons de citer, la couleur, la beauté et la vérité de l'exécution des chairs et des étoffes. Nous ajouterons à ces éloges si bien mérités, que le paysage est de la plus rare perfection, et que quand bien même il serait dépouillé des figures dont il est enrichi, ce serait encore un tableau charmant.

Il est présumable que le célèbre vénitien attacha de l'importance à cette charmante production, puisqu'elle est du très-petit nombre de celles qu'il a signées. Sa conservation est parfaite. Elle faisait partie de la collection des rois de France.

PLANCHE II.

CONNING (Salomon).

L'ADORATION DES MAGES; *peint sur toile; hauteur soixante-quatorze centimètres six millimètres ou deux pieds trois pouces; largeur soixante-deux centim. sept millim. ou un pied treize pouces.*

Dans l'enceinte et parmi les ruines d'un antique et vaste monument, l'on a construit une étable où quelques bestiaux trouvent un abri. C'est ce modeste asile que, par une inspiration sans doute surnaturelle, le sang des rois, la descendante de David, la Vierge enfin, a choisi pour mettre au jour le fils de Dieu. L'Ecriture a retracé les hommages qu'il y reçut à sa naissance, et ce sont ceux que les Mages de l'Orient viennent lui rendre qui sont représentés dans ce tableau. On aperçoit encore dans le ciel l'étoile dont la clarté miraculeuse a dirigé leurs pas au travers de tant de contrées. *Reges Tharsis et insulæ, reges Arabum et Saba dona adducent.* Tel est le sujet de ce tableau, puisé dans un verset du Pseaume 71, que l'on chante à l'office du jour de l'Epiphanie, et qui depuis long-tems a introduit parmi le peuple l'usage d'appeler cette fête la fête des Rois.

Quoiqu'il en soit, ces illustres étrangers viennent d'arriver, entourés et suivis d'une cour nombreuse. La Vierge assise, tient sur ses genoux l'Enfant Jésus. Une clarté céleste émane de son corps et resplendit sur les objets qui l'environnent. Saint Joseph, appuyé sur son bâton, est debout derrière la Vierge. A ses côtés sont les paisibles animaux que recèle l'étable. Le premier, et en apparence le plus âgé des Mages, est prosterné devant le Dieu naissant, et lui présente un vase rempli d'or. Au milieu d'un groupe plus reculé, on distingue le second Mage au turban dont sa tête est couverte, et à l'éclatante richesse de son manteau, dont un page soutient la queue. Il vient de recevoir des mains d'un de ses courtisans un vase d'or qui sans doute contient la myrhe qu'il se propose d'offrir au Sauveur du monde. Dans le fond, sur un plan plus élevé, et près de l'arc triomphal qui sert debout encore d'entrée à ces ruines augustes, on aperçoit le troisième Mage; on reconnaît à la couleur de son teint que la Mauritanie la vu naître. L'encens et les parfums composent les dons qu'il apporte, et un jeune esclave lui présente à genoux la cassette qui les renferme. Un autre esclave le suit et porte au-dessus de la tête de son maître un dais de forme circulaire, dont l'ampleur le garantit des intempéries de l'air. Ces trois groupes sont savamment distribués, et une foule de gardes et de valets ajoutent à la majesté de ce cortége.

Ce tableau, si l'on en juge par le style historique, n'a pas sans doute la vérité de costume convenable à la représentation d'une scène qui date de dix-huit cents ans. Il serait injuste cependant de ne pas remarquer que les peintres de l'école hollandaise, élèves ou imitateurs de Rembrandt, ont introduit dans leurs compositions une sorte de magnificence de vêtemens qui prête beaucoup à la peinture; que l'expression de leurs personnages, privée quelquefois de la dignité convenable et de cette noblesse que l'homme instruit et délicat désire trouver partout, est néamoins toujours vraie et constamment en harmonie avec l'action représentée. Leurs figures ne grimacent jamais. La naiveté de leur pantomime est pour ainsi dire le caractère distinctif

LE REPOS DES MOISSONNEURS.

de ces peintres, et en cela ils diffèrent éminemment de beaucoup de peintres de l'école d'Italie, qui prêtent souvent à leurs personnages des gestes outrés, et qui, pour posséder un style de formes plus sévères, n'ont pas toujours la simplicité si désirable quand on traite l'histoire.

Nous avons déjà publié un tableau de ce peintre, représentant Joseph expliquant les songes devant le Pharaon. Une particularité remarquable, c'est que la figure du Mage chargé d'offrir la myrhe est entièrement la même que celle du monarque d'Egypte.

Ce tableau sort de la collection du ci-devant Stathouder.

PLANCHE III.

WOUVERMANS (Philippe).

LE REPAS DES MOISSONNEURS; *peint sur bois; hauteur vingt-neuf centimètres quatre millimètres ou onze pouces; largeur trente-cinq centimètres quatre milimètres ou treize pouces trois lignes.*

Par un tems brumeux, et dans un vaste champ que borde un grand chemin, des moissonneurs font la récolte. Les uns sont occupés à couper le blé, les autres à mettre les javelles en gerbes. Sur le devant, le fermier assis avec sa femme et son enfant, se repose. Devant eux un moissonneur, que l'on reconnaît à la faulx que l'on aperçoit à ses côtés, vient de terminer son repas, et se désaltère encore dans une large et profonde cruche. On découvre dans le lointain un petit hameau. Sur le devant, le peintre a placé deux vieux chevaux, libres de leur harnois; l'un se repose au bord d'une mare, l'autre broute l'herbe. Près d'eux, on voit une charrette déjà chargée de grains, qu'ils vont bientôt sans doute conduire au village.

Ce tableau est dû aux conquêtes de 1806.

PLANCHE IV.

LORRAIN (Claude).

UN PAYSAGE; *peint sur toile; hauteur un mètre vingt-un centimètres ou trois pieds huit pouces; largeur un mètre cinquante-sept centimètres ou quatre pieds neuf pouces.*

Dans un magnifique paysage, enrichi de vastes monumens et de belles ruines, ce grand peintre a représenté des pâtres qui font traverser à leurs bestiaux une large rivière au gué. Sur le devant, deux femmes causent avec un jeune homme assis. Dans le fond, on aperçoit la mer et de hautes montagnes.

Ce beau tableau appartenait à l'ancienne collection des rois de France. Il a beaucoup souffert, grâce à la présomption d'un peintre de paysage, qui, sous prétexte de le réparer il y vingt ans, le recouvrit presqu'en entier d'arbres *de sa façon*. Il serait possible à une main intelligente d'enlever ces *repeints*. Peut-être alors trouverait-on dessous le tableau du maître peu endommagé.

PLANCHE V.

BREKELENKAMP (N.).

UN VIEILLARD OCCUPÉ A ÉCRIRE; *peint sur bois; hauteur vingt centimètres ou sept pouces six lignes; largeur seize centimètres six millimètres ou six pouces trois lignes.*

M. Lebrun a publié, dans son ouvrage sur les peintres flamands, hollandais et allemands, un tableau de cet artiste, dont les productions sont assez connues, quoiqu'on ignore, dit cet historien, quel fut le lieu de sa naissance, quel maître lui enseigna l'art, et dans quelle contrée il finit sa vie. Cette espèce d'obscurité est peu méritée. Ce peintre aurait dû, par ses talens, attirer plus d'attention; mais il en

UN PAYSAGE.

UN VIEILLARD OCCUPÉ À ÉCRIRE.

MILTIADE.   THÉMISTOCLE.

est de la renommée comme de beaucoup d'autres choses, la fatalité s'en mêle souvent.

Il a représenté dans ce tableau un vieillard assis, ayant sur ses genoux un gros livre auquel il confie le résultat de ses méditations. Cette tête est bien pensée; c'est bien celle d'un homme qui a vieilli dans l'étude. Il est pénétré du sujet qu'il traite; la plume obéit sans hésiter, et ne fait pour ainsi dire que copier le livre écrit déjà sur la toile de l'imagination. La pose est simple et vraie, et telle que l'action l'exige.

Il est évident que c'est ici un portrait. Mais quel est le peronnage qu'il représente? C'est ce que l'on ignore malheureusement. La bonté, la réflexion et la sévérité de mœurs sont empreintes sur cette tête, et l'on regrette de ne pas connaître un homme dont les traits commandent le respect et la confiance. A cette absence totale de luxe, et même des choses les plus nécessaires à la commodité de la vie, à ce genre de vêtement, à cette robe entièrement dénuée de boutons, on pourrait présumer que c'est le portrait de quelque Frère Morave.

Malgré le mérite de ce portrait, ce ne serait pas d'après lui qu'il faudrait classer ce peintre. Nous avons vu dans la curiosité, pour me servir d'une expression familière aux amateurs, beaucoup de tableaux de cet artiste composés avec infiniment d'esprit, et remarquables par la vérité de la couleur.

PLANCHE VI.

DEUX HERMÈS.

MILTIADE. — THÉMISTOCLE.

Le premier de ces deux hermès est un portrait de Miltiade, dont l'autenticité est peu douteuse d'après la comparaison que l'on en a faite avec un autre hermès de ce héros, revêtu d'une inscription antique. Le nom de cet illustre guerrier ajoute un grand intérêt à cette sculpture. On aime à contempler les traits du célèbre vainqueur de Marathon, du général qui, à la tête de dix milles Athéniens, triompha de trois cents mille Perses. Le taureau *furieux* sculpté sur la partie du casque qui descend sur le col, fait allusion à cette mémorable bataille dont le monde retentit encore. Cette tête est belle ; elle respire la bonté et la franchise. En la voyant, on s'indigne contre les Athéniens, dont l'ingratitude condamna à la mort le grand homme qui leur rendit tant de services, et n'échappa au supplice que pour mourir en prison. Cet hermès est de marbre pentélique.

Le marbre du second est de la même qualité. Celui-ci représente également un guerrier avec une longue barbe ; sa tête est recouverte du casque. On prétend que c'est le portrait de Thémistocle. Les traits de cette tête sont beaux, mais n'inspirent pas la même confiance que ceux de la première. Thémistocle était peut-être plus grand homme d'Etat que Miltiade. Il rendit à la patrie des services non moins grands, et dans le temple de la gloire, Salamine est sur la même ligne que Marathon. Mais Miltiade aimait la patrie par vertu, et Thémistocle par orgueil. Le premier ne la servit que pour elle ; le second ne la servit que pour lui. La magnanimité fut l'aiguillon de l'un, et la jalousie celui de l'autre ; enfin, Miltiade eût toujours été le premier des Grecs sans Thémistocle, et Thémistocle, sans Miltiade, n'en eût été peut-être que le dernier. S'il est vrai que ce soit ici les portraits de ces deux guerriers, il me semble que leurs traits ne démentent point ce paralèlle. Mais peut-être n'a-t-on donné ce portrait incertain de Thémistocle pour pendant à celui de Miltiade, que parce que l'idée de l'un est pour ainsi dire inséparable de celle de l'autre.

LA S.ᵗᵉ FAMILLE ET S.ᵗᵉ CATHERINE.

EXAMEN

DES PLANCHES.

QUATRE-VINGT-QUATRIÈME LIVRAISON.

PLANCHE PREMIÈRE.

GAROFOLO (BENVENUTO TISIO), né à Garofolo, près Ferrare, en 1481; mort en 1559.

LA SAINTE FAMILLE ET SAINTE CATHERINE; *peint sur bois; hauteur trente-sept centimètres ou treize pouces six lignes; largeur quarante-six centimètres ou seize pouces huit lignes.*

CE peintre célèbre, dont le nom paraît dans cet ouvrage pour la première fois, et que quelques écrivains ont rangé dans l'Ecole Florentine, parce qu'il fut au nombre des admirateurs de Michel Ange, appartiendrait plus véritablement à l'Ecole Romaine, comme l'un des plus ardens imitateurs de Raphaël, s'il n'était vivement réclamé par l'Ecole de Ferrare, qui le compte parmi ses plus illustres ornemens. Il reçut les premiers élémens de l'art sous le Panetti. Il passa ensuite à Crémone, dans l'école de Nicolo Soriani, son oncle maternel, et dans celle de Boccacino Boccacci. Il en sortit à l'âge de dix-huit ans, et séjourna quinze mois à Rome, dans l'atelier du florentin Gian Baldini. Il visita quelques villes d'Italie, passa quelques instans à Ferrare, et retourna à Rome. Ce fut alors qu'il vécut plusieurs années près de Raphaël. Des affaires domestiques le rappelèrent à Ferrare, où les sollicitations du Panetti, et les immenses travaux dont il fut chargé par le duc Alphonse, le retinrent.

Dans le tableau que nous publions, cet habile maître a représenté la Vierge assise sur un trône. Elle tient l'Enfant Jésus debout sur un de ses genoux; Sainte Catherine à sa droite, à demi prosternée, la main gauche appuyée sur l'instrument de son supplice, fait hommage de la palme de son martyre au Sauveur du monde; à gauche de la Vierge, Saint Joseph appuyé sur un stylobate, semble écouter avec une sorte d'impatience le chant d'un oiseau que l'on aperçoit derrière lui. Cet oiseau porte un grelot attaché à sa patte. Une travée du palais où ces trois personnages sont réunis, laisse voir dans le lointain du paysage, les édifices d'une grande ville, assise au pied d'une haute montagne.

Il règne de la noblesse et de la dignité dans ces figures. Le dessin est assez correct, les draperies sont ajustées avec grâce, mais il y a peu de mouvement dans cette scène. Ces têtes de femmes sont froides; elles manquent d'expression. Si la pose de l'Enfant Jésus n'offre rien de contraire à la nature, elle n'en est pas moins dangereuse, et nulle inquiétude maternelle ne se peint sur la figure de la Vierge. Celle de Sainte Catherine n'a rien de cet amour divin dont la flamme doit embraser le cœur d'une femme, à la vue de celui dont, au prix de son sang, elle a confessé la foi. L'humeur se peint dans les traits de Saint Joseph; mais cette expression est-elle bien raisonnée, et le chant d'un oiseau suffit-il pour altérer le calme d'une ame que le ciel seul occupe?

Ce tableau, très-recommandable cependant à beaucoup de titres, ornait la galerie du Capitole à Rome, et fut compris au nombre des cent objets d'arts cédés par le pape Pie VI, d'après le traité de Tolentino.

La conformité de nom a souvent fait confondre Benvenuto Tisio, dit le Garofolo, avec un autre peintre nommé Gio Batista Benvenuti, dit l'Ortolano, qui de même avait pris naissance à Garofolo, du moins s'il faut en croire au rapport de quelques historiens. Non-seulement la conformité de nom et de patrie a autorisé ces méprises, mais la ressemblance de leur style et de leur goût les a rendues plus fréquentes. L'erreur à cet égard fut poussée si loin, que le portrait

S. VOUET.

LA VIERGE ET L'ENFANT JESUS.

de Batista Benvenuti, dit l'Ortolano, fut inséré dans l'édition du Vasari faite à Bologne, comme étant le portrait de Benvenuto Tisio, dit le Garofolo. L'Ortolano imita Raphaël moins complètement que le Garofolo ; mais il en approcha beaucoup par le goût du dessin et de la perspective, en l'unissant à un coloris plus vigoureux, selon l'usage de l'École ferraroise pendant presque tout le cours du seizième siècle. L'abbé Lanzi assure que plusieurs des tableaux de l'Ortolano furent transportés dans les diverses galeries de Rome, où on les attribue aujourd'hui au Tisio, dit le Garofolo.

L'idée bisarre du peintre, quel qu'il soit, à qui l'on doit le tableau que nous venons de décrire, d'y avoir introduit cet oiseau dont le chant distrait Saint Joseph de ses méditations, m'a déterminé seule à m'arrêter un instant sur ces diverses circonstances. Il est certain que le Tisio signa un grand nombre de ses tableaux, surtout ceux d'une petite dimension, d'un *œillet* ou *violette*, qui faisait allusion à son surnom de Garofolo, ou Garofano. S'il est indubitable, comme le dit Lanzi, que beaucoup de tableaux de l'Ortolano, attribués aujourd'hui au Garofolo, aient passé dans les galeries de Rome, cet *oiseau*, placé sans aucun motif dans le tableau que nous venons de publier, ne pourrait-il pas être comme l'*œillet* du Garofolo, une signature emblématique du nom d'Ortolano, et ne serait-ce pas un indice pour lui restituer ce tableau ?

Au reste, pour bien juger du mérite de ces deux peintres et de la supériorité de l'un ou de l'autre, ce sont les églises et les cabinets de Ferrare qu'il faut visiter.

PLANCHE II.

VOUET (SIMON), né à Paris en 1582, mort dans la même ville en 1641.

LA VIERGE, L'ENFANT JÉSUS ET SAINT JEAN ; *peint sur toile ; hauteur un mètre ou trois pieds ; largeur quatre-vingt-deux centim. six millimètres ou deux pieds six pouces.*

LA Vierge assise et le dos appuyé contre le tronc d'un arbre touffu, tient dans ses bras l'Enfant Jésus, et soutient de sa main gauche le petit Saint Jean, vêtu d'une peau de mouton, et portant le symbole de la rédemption, formé d'un roseau et décoré d'une banderolle. Cet aimable enfant presse amoureusement la jambe du fils de Marie, et se dispose à lui donner un baiser. La Vierge regarde son fils avec tendresse, et sourit à la grâce enfantine avec laquelle il se prête aux caresses de son jeune précurseur.

On retrouve dans ce tableau cette fermeté de pinceau que l'on remarque dans toutes les productions de ce peintre; mais l'on y désirerait un peu plus de caractère et surtout d'inspiration. La critique pourrait y trouver quelques incorrections de dessin, et la main droite du petit Saint Jean, passée sous le gras de la jambe de Jésus, est évidemment trop forte. Cette composition est dans le goût des compositions italiennes de ce genre, et il est présumable qu'il l'exécuta pendant le long séjour qu'il fit en Italie.

Les auteurs du Dictionnaire des Arts de peinture et de sculpture disent que *la manière du Vouet tint d'abord de celle du Valentin*. Il me semble que cette phrase pourrait induire en erreur ceux qui lisent sans se donner la peine de comparer. On pourrait en conclure que le Vouet fut dans son premier tems l'un des imitateurs du Valentin; ce qui ne peut être. Le Valentin était de dix-huit ans plus jeune que Vouet, dont il fréquenta l'école pendant quelque tems. Il en sortit encore très-médiocre peintre pour se rendre en Italie, où il fit sa réputation, et dont il ne revint plus. La manière du Vouet n'a donc pu tenir de celle du Valentin; il est certain d'ailleurs que lorsque le Valentin eut acquis assez de célébrité pour que l'on pût lui assigner une manière à lui, le Vouet avait depuis long-tems renoncé à celle de sa jeunesse pour se créer cette manière *expéditive* et de *pratique* que nécessitait l'immensité d'ouvrages dont il fut chargé, et que son avidité pour le gain lui faisait multiplier tant qu'il pouvait.

Le Vouet passe assez généralement pour le fondateur de l'Ecole française; et je remarquerai à ce propos qu'il est assez singulier que cette manière *expéditive*, ce faire *de pratique* qui, dans les mains de Piètre de Cortone, précipita la décadence de la peinture au-delà des Alpes, ait été le partage de celui à qui l'art dut pour ainsi dire sa naissance en France. Mais alors les préjugés n'avaient point encore chez nous jeté de profondes racines. L'on ne connaissait point plusieurs chefs d'école, et par conséquent il n'existait point entre les maîtres de ces rivalités que

UNE MUSE.

les élèves se croient intéressés à partager, et qu'ils pensent faire triompher en perpétuant comme principes essentiels à la perfection de l'art jusqu'aux défauts de leurs professeurs. Telle fut l'erreur de cette nombreuse postérité d'imitateurs que le Cortone laissa après lui ; ils sacrifièrent l'intérêt de l'art au maintien de la réputation de leur école, tandis qu'en France les hommes célèbres que forma Vouet, savoir : Le Brun, Le Sueur, Mignard et tant d'autres, n'ayant aucun intérêt d'amour-propre à propager ses défauts, se créèrent une route nouvelle, et n'écoutèrent que leur génie.

Le tableau qui fait le sujet de cet article appartenait à M. le duc de Penthièvre, et sort du château de Châteauneuf.

PLANCHE III.

LE SUEUR. (EUSTACHE)

UNE MUSE; *peint sur bois ; hauteur un mètre seize centimètres ou trois pieds six pouces ; largeur soixante-onze centimètres six millim. ou deux pieds quatres pouces.*

Nos lecteurs se rappelleront sans doute que Le Sueur peignit les neuf Muses pour le président Lambert, et que déjà nous avons fait passer sous leurs yeux plusieurs tableaux de cette suite. En les examinant, il est facile de se convaincre que ce grand peintre avait peu de connaissance des attributs dont les anciens usaient pour distinguer entr'elles les filles de mémoire. Il est certain du moins, que par la manière dont il les a représentées, l'on reste indécis sur le nom que l'on doit appliquer à chacune d'elles. Les fresques d'Herculanum, le tombeau des Muses, les statues de ces brillantes Aonides, n'étaient point encore découvertes de son temps. Il n'avait ainsi pour conseils que les écrits des poètes, et comment saisir la vérité dans cette variété infinie de portraits enfantés par le génie poétique? Il n'a donc eu d'autre secours que le sien pour suppléer à ce que l'érudition ne pouvait lui fournir.

Il est présumable que son intention a été de représenter ici la Muse de la musique, Euterpe, accompagnant sa voix des sons mélodieux de la harpe ; elle est assise sur un tertre, ombragé par des arbres touffus ; elle paraît composer.

Ce tableau et la suite, dont il fait partie, ornent maintenant la galerie du palais de Saint-Cloud.

PLANCHE IV.

GASPRE POUSSIN.

UN PAYSAGE; *peint sur toile; hauteur trente-huit centimètres six millimètres ou seize pouces; cinquante-quatre centimètres six millim. ou vingt pouces.*

Le Gaspre a représenté dans un site agreste deux voyageurs qui se reposent sur le bord d'une rivière. Un troisième voyageur, à quelque distance de là, semble les interroger pour s'assurer de la route qu'il doit suivre.

Dans l'éloignement, et sur l'autre rive, on aperçoit un temple antique au sommet d'une montagne, contre laquelle sont adossées les ruines d'un vieux château.

Cet ouvrage peut être considéré comme une belle étude faite sur la nature; la couleur en est chaude, et la fermeté du pinceau historique.

L'on doit ce tableau aux conquêtes de 1806.

PLANCHE V.

PALME (Le Vieux).

LE CHEVALIER BAYARD; *peint sur toile; hauteur un mètre trente-trois centimètres trois millimètres ou quatre pieds; largeur un mètre ou trois pieds.*

On prétend reconnaître dans ce portrait celui de Pierre du Terrail, dit à si juste titre le chevalier SANS PEUR et SANS REPROCHE. On croit que le peintre a voulu représenter l'instant où le chevalier Bayard, après avoir armé François I.er, chevalier, remet dans le fourreau l'épée dont il s'est servi pour cette cérémonie, aussi honorable pour le prince qui en a sollicité la faveur, que pour le héros qu'il a choisi pour parrain.

PAYSAGE.

PALME LE VIEUX.

Dessiné par J. le Roy.   Gravé par C. Boutrois.

LE PORTRAIT DE BAYARD.

J'avoue que ces suppositions me paraissent un peu hasardées. En admettant pour un moment que ce soit ici le portrait du chevalier Bayard, quoique cette figure participe peu du caractère que l'histoire accorde à ce guerrier illustre, est-ce bien là le costume d'un brave à l'instant où il vient d'imprimer à un grand monarque ce sceau de chevalerie, si sacré à cette époque? Croit-on que dans un instant si glorieux pour Bayard, il n'ait pas été couvert de sa plus brillante armure, et qu'il soit venu dans cette espèce de négligé armer son roi chevalier en présence de la cour et de l'armée? Ou ce portrait n'est pas celui du chevalier Bayard, ou, dans la supposition contraire, l'intention prêtée à cette figure n'est pas la véritable.

Mais il se présente une autre difficulté, et celle-ci est relative au peintre. On donne ce portrait au Vieux Palme. Si c'est le portrait de Bayard, alors s'écroule la chronologie sur laquelle MM. Watelet et l'Evêque se sont appuyés. Tout le monde sait que Bayard fut tué en 1524 à la retraite de Rebec, et les auteurs du *Dictionnaire des Arts* font naître le Vieux Palme en 1540. Si cette chronologie est vraie, ce n'est donc pas ici le portrait de Bayard, ou bien si c'est le portrait de Bayard, il n'appartient donc pas au Vieux Palme, qui ne serait né que seize ans après la mort du guerrier. Qu'il me soit permis en passant de relever une erreur de date bien plus singulière, commise par les auteurs du *Dictionnaire historique* de Caën. Ceux-ci font naître le Vieux Palme en 1548, et Palme le jeune, son petit neveu, en 1544. Lorsqu'une semblable contradiction se rencontre entre deux articles qui se succèdent immédiatement, comment échappe-t-elle à des hommes instruits?

La vérité est que ces dates diverses sont apocriphes, aussi bien que l'assertion avancée par ces auteurs français, que le Vieux Palme fut élève du Titien. L'origine de ces erreurs vient d'une fausse anecdote rapportée par Lacombe, qui prétend que le Vieux Palme termina un tableau que le Titien avait laissé imparfait. Or, pour accorder Vasari, qui ne donne au Vieux Palme que quarante-huit ans de vie, avec l'anecdote du tableau terminé après la mort du Titien, arrivée en 1576, il a fait naître le Vieux Palme en 1540, et l'a fait mourir en 1588.

Le Vieux Palme ne fut point élève du Titien, mais fut l'ami, le camarade, l'imitateur et quelquefois le concurrent de Lotto, qui florissait en 1513, connut en effet le Titien, mais mourut bien avant lui, et plusieurs années avant 1568, imita bien moins le Titien que le

Giorgione, comme on peut le voir dans son fameux tableau de Sainte Barbara à Sainte Marie-Formosa; enfin, il a bien pu faire le portrait du chevalier Bayard, puisqu'il vivait du tems de ce héros, ce qui eût été impossible si l'on s'arrêtait à la chronologie adoptée par les écrivains français, et suivie sans examen par des italiens modernes.

PLANCHE VI.

MESSALINE. — STATUE.

Ce groupe représente Messaline, épouse de l'empereur Claude, fille de Messala Barbatus, et mère de Britannicus. C'est ce prince, encore enfant, né la première année du règne de Claude, qu'elle tient entre ses bras. Les hautes destinées promises à Britannicus, engagèrent sans doute l'artiste à le représenter sous les traits de Jupiter enfant. La disposition de la draperie est la même que dans les figures de ce Dieu. Cette opinion est celle que l'érudit Visconti a émise sur ce groupe.

Il est de marbre pentélique. Il fut découvert dans les environs de Rome, et passa en France dans le courant du dix-septième siècle. Il orna long-tems les jardins de Versailles, et était placé près du canal. La tête de la statue est antique. Une portion des draperies, la main droite et la tête de l'enfant ont été restaurées.

MESSALINE.

SUITE DE LA VIE DU TITIEN.

LE malheureux penchant à la jalousie, dont le Titien ne put se défendre, et sur laquelle nous sommes entrés dans quelque détail en terminant le volume précédent, fut cause, du moins si l'on s'en rapporte à Vasari, que très-peu d'artistes purent s'honorer du titre de ses élèves. L'on n'en compte qu'un très-petit nombre qu'il se soit donné la peine d'instruire lui-même, et encore ce fut bien plus dans ses ouvrages que dans ses leçons, que chacun d'eux puisa l'instruction.

LA famille du Titien fut féconde en artistes. Nous citerons d'abord Francesco son frère et Orazio son fils, qui, l'un et l'autre, soutinrent assez bien cette honorable parenté : l'art cependant leur dut peu de richesses. Le premier s'adonna de bonne heure aux armes, et ne les quitta que pour se livrer au commerce. Le second fut tourmenté par la folle passion de l'alchimie, et chercha vainement dans les creusets un or que lui eût plus certainement offert le talent de la peinture. L'on voit néanmoins plusieurs tableaux de Francesco à San Salvator à Venise, une très-belle Annonciation à Oriago, bourg situé sur la rive de la Brenta, et une Nativité, ouvrage admirable qu'il fit pour l'église de Saint Joseph à Belluno. Ces tableaux

★

passèrent long-tems pour être du Titien, et ce fut aux recherches d'un amateur célèbre, M. Doglioni, que l'on dut enfin la découverte de leur véritable auteur. Quant à Orazio, il s'attacha spécialement au portrait, et, dans ce genre, se montra plus d'une fois le digne émule de son père. On ne cite de lui qu'un tableau d'histoire, qu'il exécuta à Venise pour le palais public, et qu'un incendie dévora. Le Titien l'avait retouché, et les auteurs contemporains en font un grand éloge.

Le Titien eut un second fils nommé Pomponio. Celui ci n'appartint point aux arts. Il survécut à son père et à son frère, qui moururent tous les deux la même année, et dissipa la grande fortune qu'ils lui avaient laissée.

L'histoire nous offre encore, dans la famille du Titien, un Marco Vecellio, plus connu sous le nom de Marco di Tiziano, surnom qu'il mérita pour avoir été tout-à-la-fois neveu, élève et fidèle compagnon de ce grand peintre dans ses voyages. Sous le rapport de la composition et de ce que l'on appelle en peinture le mécanisme ou le métier, il ne fut point indigne de son maître; mais il manqua totalement d'expression, et l'on reste froid devant ses tableaux. On voit encore de lui plusieurs portraits de Saints et quelques sujets de l'histoire sacrée, dans quelques salles du palais de la Curia à Venise. Il eut un fils Tiziano Vecellio que l'on surnomma le Tizianello, pour éviter de le confondre avec son père. Il florissait au commencement du dix-septième siècle, c'est-à-dire à l'époque où l'Ecole vénitienne donna dans la manière, et où sa décadence se prononça. Il est facile de reconnaître, dans les tableaux dont il décora l'église patriarchale, les Servites et quelques autres édifices publics, combien il s'était éloigné des grands peintres de l'école, tant il est vrai, remarque Lanzi, que l'exemple (ou, pour mieux dire peut-être, la mode) l'emporte sur le sang et sur l'éducation.

Nous allons maintenant citer quelques-uns des élèves les plus remarquables du Titien, ainsi que nous l'avons fait à l'occasion de Michel Ange et de Raphaël, et dans ce coup-d'œil rapide, nous suivrons également encore ce que Lanzi nous apprend à cet égard.

Le premier qui se présente est Girolamo Dante ou Girolamo di Tiziano. Le Titien s'en servit pour l'aider dans ses travaux. La longue habitude de peindre sous les yeux de ce grand homme, et de copier ses ouvrages, lui rendirent son genre si familier, que les connaisseurs ont peine à distinguer ses tableaux de ceux du maître, surtout ceux que le Titien a retouchés. On a de Girolamo un tableau original à San Giovanni, vraiment digne de cette belle Ecole ; elle réclame aussi Dominico delle Greche, nommé dans l'Abécédaire tantôt Dominico Greco, tantôt Dominico Téoscopoli. Le Titien l'employa à graver ses dessins; la fameuse estampe de la submersion de Pharaon fuffit seule pour donner une grande idée de son habileté dans l'art de la gravure. L'on ne trouve en Italie aucuns tableaux que l'on puisse lui attribuer avec certitude; mais l'Espagne, où il avait suivi son maître et où il finit ses jours, en possède beaucoup. Le Palomini assure que ses portraits et ses tableaux semblent être sortis du pinceau même du Titien. Il voulut depuis essayer un nouveau style, mais il échoua complètement.

Sans m'arrêter à citer quelques autres élèves du Titien moins connus, je passe à Bonifazio Veneziano, que Ridolfi croit être élève du Palma, et que le Boschini place dans l'école de Vecellio. Il est certain que du tems de Boschini l'on entendait dire souvent, et que l'on dit encore à Venise, toutes les fois qu'il s'agit de certains tableaux dont l'origine est douteuse, qu'ils sont, suivant les uns, du Titien, et, selon les autres, de Bonifazio. Cette ressemblance entre ces deux maîtres est surtout frappante dans une Cêne que Bonifazio exécuta pour la Chartreuse. On remarque cependant que ce peintre avait un genre de talent qui lui était propre, et qu'il était doué d'un génie élevé et créateur. La légèreté, l'esprit, le grandiose de ces ouvrages lui appartiennent. On voit néanmoins qu'il cherchait à imiter la force du Giorgione, la délicatesse du Palma, le mouvement et la composition du Titien. Selon les historiens du tems, le Titien, le Palma et le Bonifazio, étaient réputés les trois peintres les plus célèbres de cette époque ; il est peu d'édifices publics à Venise où l'on ne trouve des tableaux du dernier. On cite entr'autres les Vendeurs chassés du Temple, que possède le Palais Ducal, ouvrage admirable par la multitude des figures, par l'inspiration, par la couleur, par la magie de la perspective, ouvrage enfin qui suffirait seul pour rendre son auteur immortel. Parmi ses tableaux de chevalet, on vante le Triomphe de Pétrarque, qui depuis passa en Angleterre. Ses petits tableaux sont extrêmement rares. Le prince Rezzonico à Rome en possédait un représentant une Sainte Famille. Au reste il ne faut pas le confondre avec Bonifazio Bembo de Cremone, antérieur à lui de beaucoup d'années, ainsi que l'a fait l'Orlandi, erreur que plusieurs autres écrivains ont répétée d'après lui.

Après Bonifazio, se présente Andrea Schiavone de Sebenico, surnommé Medula. Peu d'hommes sortirent des mains de la nature avec de plus grandes dispositions pour la peinture. L'indigence le força d'entrer au service des peintres, et l'obligation de gagner sa vie, ne lui laissait pas de moyens d'étudier cet art. Tourmenté cependant par son génie, il commença à peindre sans avoir aucun principe de dessin, et pendant nombre d'années, il n'eut pour professeurs que quelques maîtres maçons qui l'employaient à peindre des façades de maisons, ou quelques décorateurs de meubles qu'il aidait dans leur travaux. Le Titien commença à le faire connaître en le proposant, avec quelques autres peintres, pour décorer la bibliothèque de Sainte-Anne. Le Tintoret se plut aussi à lui rendre justice, et étudia lui-même l'art avec lequel le Schiavone employait les couleurs. Le seul Vasari, s'est permis de déprécier ce peintre jusqu'au point de dire que si l'on a de lui quelques bons ouvrages, c'est par une sorte de disgrâce, jugement relevé avec beaucoup d'aigreur par Augustin Carrache, comme on peut le voir dans la vie du Franco par Bottari; et dans le vrai, si l'on en exepte le dessin, tout est admirable dans le Schiavone; belles compositions, mouvemens pleins d'esprit qui rappellent ceux du Parmésan, couleur aimable et suave, dans le genre d'André del Sarto, fermeté de pinceau égale à celle des plus grands maîtres. Il ne jouit pas pendant sa vie de sa haute réputation, elle ne s'établit qu'après sa mort, et ce ne fut qu'alors que ses tableaux furent recherchés comme ils devaient l'être.

Un homme non moins recommandable, sorti de l'école du Titien, fut Alexandre Bonvicino, plus connu sous le nom de Moretto de Bresse. Il passa dans sa patrie pour tenir le premier rang parmi les imitateurs de son maître. Dans la suite, il s'enthousiasma du genre de Raphaël à la vue de quelques tableaux de ce grand peintre, et se forma un style entièrement nouveau. Ses figures sont gracieuses, ses contours sont purs, ses mouvemens, son expression sont étudiés avec soin, et dans les sujets sacrés il rend bien la componction, la piété, la charité. Il est vrai dans ses draperies, quelquefois il aurait pu les mieux choisir; il est savant dans la perspective, magnifique dans les ornemens accessoires, et quoique dans cette partie on le reconnaisse pour vénitien, il en use cependant avec plus de sobriété que ne faisaient ordinairement les peintres de cette école. Il se fit, pour le coloris, un système dont la nouveauté et l'effet surprennent au premier abord; mais ce qui le caractérise le plus dans ce genre, c'est la manière d'opposer et de faire contraster avec une grâce infinie le blanc et l'obscur par petites masses. Il usa de cet artifice, ainsi que le rapporte Lanzi, non-seulement dans les figures, mais encore dans les paysages, dont les ciels présentent quelquefois des nuages de couleurs entièrement opposées. Il aimait surtout les fonds clairs, sur lesquels les figures se détachent à merveille. Ses carnations rappellent souvent la fraîcheur de celles du Titien. Il employait peu l'azur pour ses étoffes. Il préférait d'unir, dans le même tableau, plusieurs espèces de rouges et de jaunes, et ainsi des autres couleurs, usage que Lanzi a remarqué lui être commun avec plusieurs de ses contemporains de Brescia et de Bergame. Vasari, dans la Vie du Carpi, fait mention du Moretto parmi les autres peintres Brescians. Il loue son habileté dans la manière de rendre avec vérité les qualités diverses des étoffes ; mais il borne à cela son éloge, et ne rend pas à cet habile homme la justice qui lui est due.

MORETTO eut un rival célèbre à Brescia, ce fut le Romanino, qui signait *Hyeronimus Rumanus*. A en croire Vasari, il lui fut inférieur ; selon Ridolfi il fut son égal. Lanzi met d'accord ces deux historiens en disant que le Romanino l'emporta sur le Moretto par le génie et la franchise du pinceau, mais qu'il ne l'égala ni pour le goût ni pour la diligence. Quoiqu'il en soit, en général il se montra grand maître dans tous ses ouvrages. On cite entr'autre comme des chefs-d'œuvres, quatre grands tableaux qu'il exécuta pour l'église de Saint-George, à Véronne, et dans lesquels il a représenté le martyre de ce Saint, tableaux admirables par la variété des figures, par leur esprit et par l'expression terrible des bourreaux. On retrouve la même fécondité d'idées avec un meilleur choix dans les formes dans un de ses tableaux d'autel à Sainte-Marie *in Calcare*, à Brescia, dans lequel il a représenté l'évêque Saint Apollonius, administrant la communion au peuple. Le Palma célèbre aussi beaucoup une Déposition de Croix de ce peintre. Le style du Titien fut celui auquel il s'attacha le plus, soit que son maître Stefano Rizzi, peintre médiocre, lui en eût inspiré l'estime dès sa jeunesse; soit que ne se sentant pas de force à se créer un nouveau style, comme le Moretto avait fait, il espérât le vaincre en suivant un aussi grand modèle. Il a laissé une grande renommée après lui, et l'on trouve encore aujourd'hui, dans sa patrie, des amateurs qui le préfèrent à Bonvicino Moretto pour la grandeur du faire, l'énergie de l'expression, et l'habileté à traiter tous les genres de sujets.

Le Romanino eut pour gendre, pour élève et pour compagnon, Latanzio Gambaia, également doué de génie; il l'emporta sur son maître par la régularité et l'instruction, et passa dix-huit ans à l'Académie de Crémone, d'où il rapporta une connaissance profonde de tous les meilleurs peintres, tant nationaux qu'étrangers. Il exécuta beaucoup de fresques, dont il en existe encore plusieurs à Venise et dans d'autres villes de l'Etat vénitien. Quelqu'estime qu'il eût pour le Titien, il n'en fit pas, comme le Romanino son maître, l'unique objet de son imitation; il étudia le Jules-Romain à Mantoue et le Corrège à Parme; sa manière dans les fresques, est assez semblable à celle du Pordenone, mais moins vigoureuse. En général, il excellait dans la beauté et la variété des formes, dans l'habileté des raccourcis, dans la connaissance de l'ana-

★

tomie, dans la magie du relief. Brescia est riche de ses ouvrages. Les plus étonnans sont ceux que l'on voit dans le cloître de Sainte-Euphémie. Mais ces tableaux les plus capitaux sont à la cathédrale de Parme, et y soutiennent, sans défaveur, le voisinage de ceux du Corrège. Il y a peu de tableaux à l'huile de ce peintre. L'église de Saint-Benoît, à Mantoue, en possède quelques-uns. L'on n'en connaît qu'un à Brescia sa patrie. Quelques parties de cet ouvrage sont dignes de Raphaël, au jugement de Lanzi. Il est malheureux que cet artiste, appelé à ce qu'il paraît à de si hautes destinées dans les arts, ait fourni une carrière si courte. Il mourut à trente-deux ans.

BRESCIA compte encore, dans son histoire, quelques autres élèves ou imitateurs du Titien, tels que Geronimo Savaldo, issu d'une famille noble de cette ville, et Pietro Rosa, fils et neveu de Cristoforo et de Stephano Rosa, habiles *quadraturistes*. Il fut l'un des élèves de prédilection du Titien, et dut cet avantage à l'amitié que ce grand maître avait pour son père. Il fut toujours mediocre pour la composition, mais habile coloriste. Il mourut très-jeune de la peste, en même tems que son père.

BERGAME, Crema et Lodi, citent aussi, dans leurs annales, quelques élèves ou imitateurs du Titien, mais moins connus.

Lorsque, suivant le plan que nous nous sommes tracés, nous aurons présenté à nos lecteurs un aperçu de la vie et des travaux de tous les chefs ou fondateurs des Écoles célèbres d'Italie, comme nous l'avons fait jusqu'à présent pour les Écoles Lombardes, Romaines et Vénitiennes, notre intention, comme nous l'avons précédemment annoncé, est de revenir sur chacune de ces Écoles, et de jeter un coup-d'œil sur la splendeur dont elles ont joui, et sur la décadence qui la suivit. Ainsi donc, quand la suite de notre travail nous ramènera sur l'École vénitienne, nous parlerons du Tintorette, de Paul Véronèse, des Bassans, et de quelques autres qui méritent une distinction particulière.

CORRÈGE (Antonio-Allegri dit le).

Ce grand et célèbre peintre naquit dans les environs de Correggio en 1490 suivant les uns, en 1494 selon d'autres; cette dernière opinion est celle de Mengs.

Vasari, si souvent injuste, a cherché à jeter de l'avilissement sur le Corrège, en le représentant né d'une famille obscure et constamment plongé dans la misère. « Sa pauvreté, dit-il, le rendait
» timide, et il n'exerça l'art de la peinture que pour
» soutenir une famille dont le poids l'accablait. Il
» était obligé, comme tous ceux qui sont surchargés
» de famille, d'épargner sans cesse, et devint ainsi
» aussi malheureux qu'on peut l'être. Il ajoute ailleurs :
» que le Corrège ne s'estimait pas lui-même, et qu'il
» se contentait de peu de chose. »

Annibal Carrache a partagé cette exagération du Vasari, mais, du moins, avec plus de noblesse, par un véritable sentiment d'humanité, et avec tout le respect qu'un grand artiste comme lui devait à un aussi grand homme. « Mon cœur souffre, dit il, et
» je verse des larmes de sang en pensant seulement
» à l'infortune de ce pauvre Antonio. Un aussi grand

» homme, si toutefois ce fut un homme et non
» pas un ange sur la terre, ainsi perdu dans un pays
» où il ne fut pas connu, et conduit par son étoile
» à y mourir si malheureusement. » C'est ainsi qu'il
s'en explique dans une lettre qu'il écrivait de Parme
en 1580, à Louis Carrache.

Le cavalier Ratti, dans un essai sur la vie et les ouvrages du Corrège, publié dans le siècle dernier à Final, le cavalier Tiraboschi, dans ses notices sur les professeurs de Modène, le père Affo, historien extrêmement recommandable, Mengs, dans le tome second de ses ouvrages, et bien plus anciennement le Scannelli et l'Orlandi, se sont élevés avec force contre la partialité du Vasari. Ils ont démontré que le Corrège n'était point né dépourvu des biens de la fortune, mais qu'il dut au contraire le jour à une famille sinon distinguée, du moins honnête, et de laquelle il avait reçu toute l'éducation nécessaire pour concourir aux grands succès qu'il obtint dans les arts. Ils ont également relevé la ridicule crédulité, qui conduit Vasari à représenter le Corrège comme un homme inconnu, mal payé de ses travaux, malheureux, mélancolique, gémissant sous le poids de sa nombreuse famille, tandis qu'au contraire il est prouvé qu'il fut considéré des grands et récompensé de ses travaux par des prix considérables; ce qui le mit à même de laisser après lui un héritage honnête à ses enfans.

★

L'ABBÉ Lanzi, qui dans son histoire de l'École parmésane, relève également l'exagération de Vasari, remarque cependant que cet historien aura pu être induit en erreur, si, pour juger de la fortune que le Corrège a pu acquérir par la vente de ses ouvrages et les travaux dont il fut chargé, il a pris, pour point de comparaison, les sommes dont on payait ceux de Raphaël, de Michel-Ange, du Titien, et de lui-même Vasari. La disproportion qu'il aura trouvée entre ces gains et ceux du Corrège, l'auront porté à le regarder comme très-indigent. Si cette observation fait honneur à l'impartialité de l'abbé Lanzi, l'espèce de dédain de Vasari, pour la misère prétendue du Corrège, le conduit à une réflexion qui ne fait pas moins d'honneur à sa philosophie.

« QUANT à moi, dit-il, en admettant pour un
» moment comme véritable la pauvreté reprochée
» à ce grand homme, il me semble que bien loin
» qu'elle déshonore sa mémoire, elle fut pour lui
» un titre d'honneur, si l'on réfléchit que malgré
» son peu d'aisance, et par conséquent borné dans
» ses moyens, ses ouvrages sont exécutés avec un
» luxe dont on ne trouve ailleurs aucun exemple.
» Tous ces tableaux sur cuivre, sur bois, ou sur
» toile, sont exécutés sur ce que ces trois matières
» offrent de plus précieux, soit pour la finesse,
» soit pour le grain. Ses couleurs fortement empâtées

» offrent une profusion d'outre-mer, de laques, de
» verds les plus rares, de tout ce qu'il y a de plus
» cher enfin en ce genre. La rapidité de l'exécution
» n'annonce point qu'il fût pressé de vendre, puisque
» ses retouches sont nombreuses, et qu'il ne quittait
» jamais un ouvrage qu'il ne l'eût totalement terminé.
» Or, si cette généreuse prodigalité de moyens et
» de jours, mériterait des éloges dans un artiste opulent
» qui ne travaillerait que pour la gloire, à plus forte
» raison combien est-elle honorable dans un peintre
» réduit à vivre dans l'obscurité. Je trouve, dans cette
» conduite, une grandeur d'ame digne d'un Spartiate,
» et l'on pourrait répondre à Vasari, qu'il ne s'est
» pas encore assez étendu sur l'économie du Corrège,
» et qu'il devait l'offrir en exemple aux jeunes gens,
» pour nourrir en eux des sentimens capables de leur
» faire apprécier toute la dignité de la profession à
» laquelle ils se destinent. »

On regarde en général Andrea Manteigna, comme le fondateur de l'Ecole lombarde, dont l'École parmésane est une fraction. Manteigne était de Padoue, et vint s'établir à Mantoue avec sa famille, sous la protection du marquis Louis Gonzague. Les faveurs de ce Prince et les travaux qu'il lui donna, ne l'empêchèrent cependant pas d'enrichir d'autres villes de ses productions, et Rome notamment. Le pape Innocent VIII lui fit peindre sa chapelle au Vatican.

Ses peintures, quoique détériorées par le tems, existent encore. Le tableau le plus capital de lui, que possède encore Mantoue, est celui connu sous le nom de la Victoire.

Son chef-d'œuvre, au jugement de Vasari, était son Triomphe de César, dont il fit le sujet de plusieurs tableaux. Ils tombèrent entre les mains des Allemands lors du sac de Mantoue, et depuis ils passèrent en Angleterre. Beaucoup de ses fresques ont péri; il en reste cependant quelques-unes dans une salle du château, que Ridolfi appelle la chambre des époux. On y voit aussi quelques portraits de la famille des Gonzague, et quelques génies dont il décora une porte, remarquables par leur grace et leur légèreté. Ses tableaux sont rares. On les reconnaît facilement, non seulement à la légèreté des figures, aux plis uniformes et perpendiculaires de ses draperies, à ses paysages d'un ton jaunâtre, et parsemés de petits cailloux ou pierres que l'on croirait avoir été taillées, mais encore à la science du dessin et à la finesse du pinceau. Les grands travaux de peinture dont il fut chargé, et le tems considérable qu'il donna sans doute à la gravure, puisque l'on connaît de lui plus de cinquante planches, lui laissèrent peu de loisir pour se livrer aux tableaux de chevalet.

Plusieurs écrivains ont fait sortir le Corrège de

l'école de Manteigne, mais cette erreur est aujourd'hui reconnue. Il était trop jeune quand Manteigne mourut pour avoir pu travailler dans son Ecole. Si dans ses premiers ouvrages on retrouve quelque chose de la manière de ce maître, c'est qu'alors elle était à la mode, et que d'ailleurs il avait pu étudier les tableaux que ce maître avait laissés, et entr'autres celui de la Victoire, dont l'on retrouve quelques imitations dans plusieurs ouvrages du Corrège, et notamment dans son Saint Georges à Dresde. La tradition reçue à Corrégio même, est qu'Antonio Allégri, dit le Corrège, étudia les premiers principes de l'art chez Lorenzo son oncle, d'où, si l'on en croit ce qu'en a écrit le Vedriani, il passa à Modène, dans l'école de Francesco Bianchi, dit le Frari. Ce fut là qu'il s'instruisit de l'art de la plastique, qui, à cette époque, était en grand honneur. Il travailla avec Begarelli au groupe de la Piété à Sainte-Marguerite, et les trois plus belles figures de ce groupe lui sont attribuées.

On est aujourd'hui convaincu en Lombardie, que c'est par une équivoque de nom que Vedriani a donné André Manteigne pour maître au Corrège, et qu'il a pris le fils pour le père, puisque l'opinion générale veut que le Corrège ait travaillé comme élève ou comme aide sous Francesco Manteigne. Cette école de Manteigne s'était élevée à un grand degré de splendeur. Le Melozio, peintre célèbre pour le tems, s'y était formé. Il ne lui restait plus qu'un pas à faire pour saisir la manière moderne. Ce pas, il était réservé à un homme de génie comme le Corrège de le faire faire à cette belle école, ainsi que les autres peintres, si justement célèbres dans ce beau siècle, avaient fait dans la plupart des écoles d'Italie. En effet, il paraît que, même dans ses premiers ouvrages, il chercha à s'éloigner du style de l'école de Manteigne, et l'abbé Bettinelli cite quelques essais en ce genre, que l'on voyait à Mantoue. L'abbé Lanzi rapporte que M. Volta, secrétaire de l'Académie royale, lui a attesté que dans les livres descriptifs des ouvrages exécutés à Saint-André, le Corrège est cité, et on lui attribue quelques figures exécutées au-dehors de l'église, entr'autres une Vierge mieux conservée que les autres, et qui certes sort de la main d'un peintre qui s'éloigne déjà de la sécheresse du quatorzième siècle.

Mais où l'on commença à reconnaître la haute perfection où le Corrège devait arriver un jour, ce fut dans quelques tableaux qu'à l'âge de vingt ans il exécuta pour un petit autel de l'église des moines conventuels de Corregio. Ils étaient au nombre de trois. Saint Barthelemi et Saint Jean à droite et à gauche, et dans le milieu un Repos de la Sainte Famille fuyant en Egypte, dont les figures étaient de demi-nature. Il y ajouta encore un Saint François. François 1.er, duc de Modène, s'enthousiasma de ce tableau. Il envoya le Boulanger pour le copier, et parvint à s'emparer de l'original, en y substituant la copie. Il répara, dit-on, le tort qu'il avait fait au couvent, en cédant quelques terres à ces religieux. On croit que dans la suite, ce tableau entra dans la famille des Médicis, et qu'elle donna en échange un Sacrifice d'Abraham d'André del Sarto. Véritablement cette Fuite en Egypte se voyait encore à la fin du dix-septième siècle dans la galerie royale de Florence, et Barri, dans son Voyage pittoresque, en parle avec éloge. Mais à mesure que le beau talent du Corrège se perfectionna, ce tableau fut moins estimé, et on l'attibua tantôt au Baroche, tantôt à Vanni; mais un amateur, M. Armanno, qui se rappelait d'avoir vu la copie à Corregio, le restitua à son véritable auteur. On ne disputa plus que sur l'originalité, et ceux qui la niaient prétendaient que le Corrège l'avait peint sur bois, et que celui de la galerie de Médicis étant sur toile, ne pouvait être l'original. Mais cette difficulté fut résolue dès que l'on reconnut que la copie de Boulanger avait été également exécutée sur toile; et certainement si l'original eût été sur bois, le copiste eût été bien mal-adroit d'employer la toile pour sa copie, et ne fût pas parvenu de la sorte à tromper les religieux. D'ailleurs, aucune galerie connue ne possède un Repos en Egypte que l'on puisse regarder comme une répétition de celui de la galerie de Florence, ni faire naître aucune incertitude sur son originalité, comme cela arrive souvent pour d'autres tableaux dont les répétitions se trouvent en divers cabinets. Au reste, on le reconnaît facilement à la manutention du pinceau, à l'emploi d'un certain vernis particulier à l'auteur, et aux tons de couleurs semblables à ceux de ses tableaux de Parme. Je ne me suis arrêté un moment sur ces détails que me fournit l'ouvrage de Lanzi, que parce que ce tableau fait époque dans la vie du Corrège, et que, de l'avis de tous les connaisseurs, il est pour ainsi dire la transition entre le style manteignesque et le style véritablement corrégien.

MENGS cite encore deux tableaux qui rentrent dans la même catégorie. L'un est le *Noli me tangere*, qui passa de la maison d'Ercolani à l'Escurial. L'autre une Adoration de la Vierge devant l'Enfant Jésus, que possède la galerie de Florence. On peut y ajouter le Marsias du Marquis Litta, à Milan, et quelques autres relatés dans le Catalogue de Tiraboschi, le plus complet de tous ceux qui existent.

EN abandonnant le style des peintres de son tems, qui jusques là s'étaient simplement attachés à copier la nature, il prit la grâce pour base unique, ou tout au moins principale de sa nouvelle manière. Il employa des formes plus grandes, rejeta toutes les lignes

roites et tous les angles aigus, assouplit et adoucit
es contours, et donna de la sorte au dessin plus
'élégance, de largeur et de *grandiose*. Bien opposé
e sentiment à Michel-Ange, qui traitait avec une
orte de mépris la peinture à l'huile, le Corrège au
ontraire lui accorda une sorte de prédilection. Quoiqu'il
it laissé parmi les monumens de sa gloire de superbes
resques, dont nous parlerons dans quelques instans,
l n'en est pas moins vrai que le genre de la peinture
l'huile le flattait d'avantage, parce qu'en effet elle
ui offrait plus de facilité pour cette manière aimable
nnée en lui. C'est à lui que l'on doit, pour ainsi dire,
'avoir enseigné l'art d'employer des couleurs transparentes, pour donner aux ombres le véritable ton de
a nature, et de s'être créé une manière de glacé
apable d'obscurcir réellement les parties ombrées.
« C'est à quoi l'on ne peut parvenir », remarquent
vec beaucoup de justesse les auteurs du *Dictionnaire*
e *Peinture*, « c'est à quoi l'on ne peut parvenir par les
» couleurs les plus sombres, si elles ne sont pas trans-
» parentes, parce que la lumière se réfléchit sur leur
» superficie, et qu'elles ne représentent par conséquent
» qu'une couleur obscure, mais éclairée ; au lieu que
» les couleurs transparentes, absorbant les rayons de
» la lumière, représentent une superficie réellement
» obscure. Il empâta fortement les rehauts, parce
» qu'ils doivent être d'une touche propre à recevoir
» un nouveau degré de la clarté du jour. Il s'aperçut

» que la lumière qui vient du soleil n'est pas blanche,
» mais jaunâtre, et que les reflets de la lumière
» doivent tenir de la couleur des corps d'où ils re-
» jaillissent; et ce fut ainsi qu'il parvint à la théorie
» de l'emploi des couleurs dans les trois parties, les
» jours, les ombres et les reflets ».

Peu de peintres ont aussi bien réussi que lui à répandre l'harmonie dans leurs ouvrages. En examinant les siens avec attention, on voit qu'il sut avec un art infini éviter les contrastes trop marqués et les transitions trop brusques. C'est par une admirable combinaison de demi-teintes et de gradations presque insensibles, qu'il vous conduit d'une couleur dominante à une autre du même genre. Jamais de fatigues pour les yeux, jamais d'oppositions trop brusques, jamais de ces rapprochemens plus pénibles qu'étonnans; c'est un accord, un ensemble, une magie qui séduisent, attachent et charment tout-à-la-fois, et vous font éprouver une ivresse dont on ne peut se rendre compte, et que l'on serait fâché de sentir se dissiper.

On reconnaît le caractère du Corrège à la création de son style, et il est aisé de deviner qu'il ne le portait pas aux expressions fortes. Il était né pour rendre les affections douces, et il y excella. Les grâces naïves de l'enfance, l'innocente finesse de cet âge, les sensations aimantes des femmes, la paix et la candeur de l'ame, les douces jouissances du cœur, les peines qui prennent leur source dans les sentimens délicats et non dans la violence des passions ; la joie inspirée par la noblesse des succès et non par l'expression de l'orgueil satisfait ; la tendre pitié, la componction véritable, la piété réelle, toutes les affections aimables enfin, tels sont les mouvemens que le Corrège rendit toujours avec une perfection inimitable. La vue des tableaux de tels ou tels peintres peut-être élève l'ame davantage ; les siens ne tendent qu'à l'adoucir. Il civilise les hommes qui l'admirent ou l'étudient.

On a toujours cité ce mot du Corrège en voyant les ouvrages de Raphaël : *Ed io anche son pittore*. En supposant que ce mot lui soit échappé, l'Epicié pense que c'est à la vue d'un tableau de ce grand maître apporté à Parme, connu sous le titre de *Cinque Santi*, et que l'on plaça dans l'église de Saint-Paul. « On peut assurer que ce tableau, ajoute l'Epicié, » était bien capable de faire concevoir au Corrège » une bonne opinion de lui-même; car il est assez » mal composé. Ce sont cinq figures tout-à-fait sé- » parées les unes des autres, ne formant aucun groupe » et ne produisant aucun effet. Le Corrège, auteur » de si vastes machines, a dû bien mal penser de « Raphaël, s'il n'a vu que ce morceau : il en aurait » eu une toute autre idée s'il fût entré dans les

» chambres du Vatican, et que la voie de l'examen
» eût fait place au sentiment. »

Mengs paraît persuadé au contraire que le Corrège a été à Rome; qu'il y a connu les ouvrages de Raphaël et ceux de Michel-Ange, et il pense que s'il existe du doute à cet égard, c'est qu'à l'époque de ce voyage, le Corrège n'était pas encore connu, et qu'en conséquence il n'est pas étonnant que personne ne se soit aperçu du séjour qu'il y fit, et que dès-lors il n'en est resté aucune trace, et que la tra-tradition n'a pu en perpétuer la mémoire.

De l'ignorance où l'on est resté à cet égard, est né également le doute qu'il eût étudié l'antique.

Ce doute a été partagé par les Italiens eux-mêmes. On ne s'occupa à rechercher la vérité à cet égard, que lorsque l'on désira connaître quels motifs l'avaient déterminé à quitter le style *Manteignesque* pour s'en créer un nouveau. Vazari dans son ouvrage, et Ortensio Landi dans ses observations, avaient avancé que jamais il n'avait été à Rome. De Piles, dans ses Dissertations, le Rista, et quelques autres écrivains, avaient affirmé le contraire ; on soupçonna qu'ils pouvaient avoir raison, et que le Corrège, après avoir vu l'antique et confronté les ouvrages de Raphaël et de Michel-Ange avec ceux du Mclorio, était revenu en Lombardie avec un goût entièrement opposé à celui qu'il avait avant de se rendre à Rome.

MENGS ne s'est point éloigné de ces conjectures; mais Lanzi remarque que c'est avec une timidité extrêmement louable, et que non seulement il permet au lecteur d'être d'un sentiment contraire, mais encore qu'il lui indique pour ainsi dire les moyens de le soutenir avec avantage, en disant : « Que si le Corrège ne » vit pas l'antique comme on peut le voir à Rome, » il l'aura vu comme on peut le voir à Modène ou » à Parme, et qu'il suffit à un homme d'un talent » supérieur de voir l'échantillon d'une chose, pour » se former une idée de ce que cette chose doit être ». Lanzi vient à l'appui de cette assertion, en ajoutant que le Titien et le Tintoret firent plus à l'aide des plâtres que ne firent beaucoup d'autres qui dessinèrent d'après les statues originales. Ne suffit-il pas au Baroche d'avoir vu un seul instant quelques têtes du Corrège, pour devenir célèbre dans ce style? Quelle impulsion d'ailleurs le génie de ce grand homme n'avait-il pas du recevoir de la vue des ouvrages les plus précieux d'André del Sarte; de l'examen des collections d'antiquités rassemblées à Mantoue et à Parme, de la fréquentation des atteliers des Manteignes et des Begarelli, si riches en plâtres et en dessins, de ses liaisons avec les artistes à qui Rome était familière, tels que Munari et Jules Romain lui-même; enfin de l'opinion générale du siècle, qui, dégouté de la sécheresse et de la bassesse du style précédent, portait tous les peintres à adopter des contours plus pleins, plus délicats, plus vaporeux ? D'après ces observations, on sent que le séjour de Rome ne fut pas nécessaire au Corrège pour lui frayer une route nouvelle, et lui faire éprouver le besoin de se créer une manière différente de celle des peintres qui l'avaient précédé.

Qu'importe, au reste, que le Corrège ait vu Rome et qu'il ait étudié l'antique ! la négative n'empêcherait pas qu'il n'ait été l'un des premiers peintres du monde. Mengs me paraît être celui de tous les historiens qui a le mieux analysé le style de ce grand homme, c'est-à-dire, celui qu'il s'était fait à la longue, dont il ne changea plus tant qu'il vécut, et qui lui assura cette grande et immortelle renommée, qu'il mérita à tant de titres. Il le compare au Titien et à Raphaël, et dans ce mémorable triumvirat, il lui assigne sa place après Raphaël, en faisant remarquer que celui-ci rendait d'une manière plus exquise les affections de l'ame, tandis que le Corrège lui était supérieur dans les effets produits par les formes des corps. En effet, le mérite du Corrège, dans cette partie, était au-dessus de toute expression. Grâce à sa couleur et à son talent admirable dans le clair obscur, il était parvenu à introduire dans ses tableaux un beau idéal, supérieur au beau dans la nature, qui, au premier aspect, enchante

les hommes les plus savans et leur fait oublier tout
ce qu'ils ont vu de rare antérieurement. L'Algarotti
avoue que quand il eut vu le Saint Jérôme, il se
dit au fond du cœur : Toi seul, Corrège, tu me plais.
Annibal Carrache, en parlant de ce tableau, mande
à Louis son frère, qu'il ne le troquerait pas contre
la Sainte Cécile de Raphaël. Lanzi est du même sentiment que le chevalier Mengs, et convient que la peinture
portée par Michel-Ange au plus sublime degré du
grandiose, conduite par Raphaël au plus haut point
d'expression et de grâce naturelle, embellie par le
Titien de tous les charmes de la couleur, tient du
Corrège le complément de l'excellence, parce qu'il
eut l'art d'ajouter à la grandeur et à la vérité cette
élégance précieuse, et ce goût délicat, qui lui ensei-
gnèrent constamment à satisfaire à-la-fois la vue et
l'esprit du spectateur.

Il n'égala pas sans doute Michel-Ange dans la science
profonde du dessin, mais cependant le sien a tant
de grandeur, et il fut si heureux dans le choix des
formes, que les Carraches même n'ont pas dédaigné
de le prendre pour modèle. Mengs a pris vivement
sa défense contre Algarotti, qui l'a accusé d'avoir
manqué quelquefois de correction et d'exactitude dans
les contours. Il convient que l'on ne retrouve pas
chez lui cette variété de lignes que l'on remarque
dans les ouvrages de Raphaël et des anciens ; mais

cela vient de ce qu'il évitait de tout son pouvoir les lignes droites et les angles, et qu'il usa constamment dans les lignes d'une sorte d'ondulation qui les rendait ou convexes ou concaves; et Mengs avance que c'est en grande partie à cet usage qu'il faut attribuer la grâce qui le distingue tellement, qu'il ne sait s'il doit à cet égard le recommander ou l'excuser. Mais où, selon lui, ce grand peintre est au-dessus de tous éloges, c'est dans le dessin des draperies. Il s'occupait plus des masses que des plis particuliers, et il fut le premier qui conçut l'idée de faire, soit par les contrastes, soit par leur direction, jouer un rôle important dans les compositions aux draperies, enseignant une route nouvelle pour arriver à les faire saillir dans les grands ouvrages. Il est surtout admirable dans ses têtes de jeunes gens et d'enfans. Avec quel naturel, avec quelle simplicité elles sourient. Elles enchantent, s'écrie Annibal Carrache, (et son expression italienne *innamora* est bien plus forte encore;) on est forcé de rire avec elles. Que cette candeur naïve me plaît, dit-il! quelle pureté! comme elle est vraie sans être vraisemblable! c'est la nature. Il excellait dans les raccourcis. Le premier, depuis Manteigne, il triompha de la difficulté des figures vues en raccourci de dessous en dessus; écueil dangereux que Raphaël avait toujours redouté et par conséquent évité; et on dut au Corrège d'avoir seul porté cette partie si difficile de la perspective à sa perfection.

Jules Romain le regardait comme le plus grand coloriste qu'il eût connu, et ce peintre célèbre ne s'offença point de ce que le duc de Mantoue, voulant faire présent de quelques tableaux à Charles-Quint, donnât la préférence à ceux du Corrège sur les siens. Nul peintre ne fut plus recherché dans la préparation des toiles dont il se servait; il n'épargnait rien, soit pour la qualité, soit pour la quantité des couleurs; par la manière de les empâter il se rapprochait du Giorgione, et du Titien par les tons; mais Mengs trouve qu'il connaissait mieux que ces peintres célèbres l'art des dégradations. Il donnait d'ailleurs à son coloris une sorte de transparence que l'on ne rencontre pas dans celui des autres. Il semble, dit Lanzi, que l'on voit les objets à travers un miroir, ensorte que le soir, lorsque par la faiblesse de la lumière, les peintures des autres perdent de leur vigueur, les siennes au contraire semblent en acquérir davantage, et devenir un phosphore qui triomphe de l'obscurité de l'air. S'il est possible que l'on se fasse quelque idée de ce vernis d'Apelle, tant célébré par Pline, et dont la connaissance n'a pu parvenir jusqu'à nous, il faut la chercher dans les ouvrages du Corrège. C'est l'opinion de Lanzi. Il ajoute que quelquefois ce grand peintre a laissé à désirer un peu plus de délicatesse dans ses carnations, mais que cependant tout le monde doit avouer qu'il les a variées à merveille selon l'âge et les sujets, et qu'il savait leur donner un

★

je ne sais quoi de flexible, de nourri, de vivace, qui ressemble à la nature.

Mais une qualité vraiment supérieure, que tous les historiens, que tous les connaisseurs lui accordent, ce qui lui assure l'empire au-dessus de tous les peintres connus jusqu'à ce jour, c'est son admirable intelligence dans la distribution des lumières et des ombres; elle se reconnaît surtout dans sa Nuit, que possède la galerie de Dresde, et dans sa Madelaine couchée dans une grotte, petit tableau qui a été vendu vingt-sept mille écus. Il se servait, ainsi que Michel-Ange, de modèles en plâtre et en cire, et depuis peu d'années quelques débris en ont été trouvés dans la coupole de Parme.

Cette coupole est le plus sublime comme le plus immense des travaux du Corrège. Il y a représenté l'assomption de la Vierge. Il avait déja traité un sujet à-peu-près semblable dans la coupole de l'église Saint-Jean des pères du mont Cassin. Là c'était l'ascension de Jésus-Christ. Le Corrège était seul capable de mieux faire que lui même, et la première fresque semble n'avoir été pour lui qu'une étude préliminaire de ce qu'il voulait exécuter dans la seconde. Il y a répété les Apôtres que l'on voit dans celle de Saint-Jean. Les motifs des personnages sont les mêmes, mais les expressions sont totalement différentes. Les groupes si bien ordonnés, si distincts de cette immensité de Bienheureux, dont il a peuplé la partie supérieure du tableau; cette foule innombrable d'anges qui semblent s'agiter dans les airs ; la beauté de toutes ces figures ; l'allégresse dont tous les fronts sont empreints ; la solennité de cette fête céleste, répandue sur l'ouvrage entier; l'éclat, la vivacité de la lumière aérienne, tout concourt à la sublimité de cet ouvrage, que malheureusement on laisse se dégrader chaque jour. Mais pour bien sentir le mérite colossal de cette peinture, il faut la voir de près, et examiner soit la hardiesse et la fermeté du pinceau, soit la légèreté, pour ainsi dire badine, avec laquelle sont a peine indiqués les objets qui, apperçus à une grande distance, font un effet si surprenant et si magique.

Il ne survécut que quatre ans à l'exécution entière de ce chef-d'œuvre ; dans l'intervalle il commença la peinture de la Tribune, et reçut une partie du prix de cet ouvrage, qu'après sa mort ses héritiers restituèrent à la fabrique. On croit qu'en y travaillant, il éprouva quelques désagrémens de la part des Marguilliers, et cette conjecture est fondée sur une expression du Sojaro, qui refusa de peindre à la Steccata, et qui écrivit à un de ses amis : « Je ne » veux pas être à la discrétion de tant de cervelles, » et vous savez ce qui fut dit au Corrège dans la

» cathédrale. » Il y a apparence qu'il s'agissait de quelque parole insolente qui tendait à l'humilier et qui le dégoûta, ou peut-être entend-il parler de cette absurde critique qu'un ouvrier s'avisa de faire en sa présence, de la petitesse de certaines figures. Vous avez fait là, lui dit cet ignorant, une *fricassée de grenouilles*, bêtise ridicule dont assurément il ne dut pas s'affliger. D'ailleurs, comme le dit fort bien Lanzi, un ouvrier n'était pas la ville de Parme.

S'IL était étonnant dans les compositions de ces grandes machines, il n'était pas aussi heureux peut-être dans celles des tableaux de cabinet. Il respectait peu l'unité. On peut en citer pour exemple le tableau de Marsias, que l'on voit au palais Lita à Milan, dans lequel il a employé trois groupes pour représenter cette fable. Le premier est consacré à la lutte de ce satyre avec Apollon ; le second à l'arrêt de Minerve contre le vaincu ; le troisième au supplice de ce téméraire. Cette même inconvenance se retrouve dans la Léda qu'il exécuta pour Charles-Quint, où il répéta deux fois le Cygne, d'abord se familiarisant avec cette nymphe, et ensuite parvenu à la fléchir. En général, sa poésie pittoresque est anacréontique. Dans les sujets prophanes, rien de plus aimable que ses petits amours ; dans les sujets sacrés, tels que ceux de Saint Georges et de Saint Jérôme, rien de plus gracieux que les anges qui, dans le premier se jouent avec le casque et l'épée du Saint, et que ceux du second qui présentent à l'enfant Jésus les ouvrages de ce Père de l'église, et lui font respirer les parfums apportés par la Madeleine. On pourrait lui reprocher de n'avoir pas respecté, dans les sujets fabuleux, les costumes de l'antique. Sa Junon, dans la Léda, est représentée sans aucuns attributs qui la fassent reconnaître. Dans Marsias, Minerve est sans l'égide ; et Apollon, au lieu de lyre tient un violon.

Ce grand peintre mourut à quarante ans, sans avoir laissé de portrait de lui, que l'on puisse regarder comme authentique. Dans l'édition de l'ouvrage de Vasari faite à Rome, l'on en trouve un qui le représente vieux et chauve, ce qui ne s'accorde point avec son âge. Celui que l'on voit à Turin à la Vigne de la Reine, est aussi incertain, quoiqu'il ait été gravé par Valperga. Il en est un troisième qui passa de Gênes en Angleterre, peint par Dosso Dossi. Derrière est écrit que c'est le portrait de M. Antonio da Corregio. Il ne s'agit point ici du Corrège, mais d'un peintre en miniature célèbre, du même nom, qui voyagea en Italie à l'époque du Dosso. Son prétendu portrait fait par le Gambara, dans la cathédrale de Parme, est un conte populaire. Vasari rejette avec raison, sur la modestie de ce grand homme, le peu d'importance qu'il mit à transmettre ses traits à la postérité.

★

Les ouvrages de ce peintre sont devenus très-rares en Italie. Presque tous sont passés à l'étranger, par l'empressement que les ultramontains ont mis à les rechercher, et par les prix considérables qu'ils y ont attachés. Il ne reste à leur place que des anciennes copies qui en ont été faites, sur-tout des petits, tels que le Mariage de Sainte Catherine, la Madeleine, la Fuite en Egypte, l'Oraison du Christ au jardin des oliviers, dont l'original est à l'Escurial, et la Zingherina qui est à Dresde. Les plus estimées de ces copies sont dues au Schidone, à Lelio da Novellara, à Girolamo da Carpi, aux Caraches sur-tout, qui s'exercèrent pendant long-tems à copier le Corrège. Leurs copies sont celles qui se rapprochent le plus des originaux, bien moins cependant par l'art et la finesse du coloris que par la science du dessin.

Ce grand peintre, dont l'Italie ne cessera de se glorifier, eut un fils nommé Pomponio Allegri. Le plus grand tort de ce fils dans la peinture, fut d'avoir eu pour père l'un des premiers artistes du monde. Il n'avait que douze ans lorsqu'il le perdit, et ne put par conséquent profiter que bien peu de ses leçons. Son aïeul prit soin de lui, et mourut cinq ans après, le laissant bien partagé du côté de la fortune, et instruit dans l'art de la peinture. On ne sait sous qui il continua à s'y exercer, si ce fut sous le

Rondani, fidèle élève du Corrège, ou sous quelqu'autre de la même école. Ce qu'il y a de certain, c'est qu'il eut du génie, et que mettant à profit les études de son père, il se fit un nom dans Parme et qu'il s'y établit. Son ouvrage le plus capital est à la cathédrale. Il représente les Israëlites qui attendent le retour de Moïse à qui Dieu remet les tables de la loi. Si cette composition n'est pas parfaite, elle a du moins des parties très-recommandables. Les têtes sont belles en général ; il y a de l'esprit dans les mouvemens, et la couleur sur-tout est admirable pour la vérité et la vivacité. On a prétendu que Pomponio renonça de bonne heure à la peinture, et qu'ayant dissipé les biens qu'il possédait à Corregio, il mourut, jeune encore, dans la misère. Ces bruits semés peut-être par la jalousie, et recueillis par des auteurs peu véridiques, ont été démentis par le P. Affò, d'après des documens authentiques.

Je vais, ainsi que j'en ai usé jusqu'à présent à l'égard des autres grands maîtres dont j'ai esquissé la vie, citer quelques-uns des plus célèbres élèves du Corrège, et Lanzi, dont l'impartialité est aussi précieuse que ses connaissances sont profondes, sera encore le guide que je suivrai.

En décrivant, dit-il, le style du Corrège, j'ai fait connaître celui de son école, non parce qu'aucun de ses élèves l'ait jamais égalé, mais parce que tous suivirent les mêmes principes, lors même que quelques-uns les appliquaient à d'autres styles. Le caractère dominant de l'école parmesane est le raccourci, comme celui de la florentine est l'expression des muscles et des nerfs. Il est inutile de remarquer qu'à Parme aussi bien qu'à Florence, ce caractère a été quelquefois outré, et que l'on y a exagéré le raccourci, comme le nud l'a été sur les bords de l'Arno; tant il est vrai que partout il est rare d'être sage en imitant. Une autre marque distinctive de cette école est que l'étude du clair-obscur et des draperies l'emporte toujours sur celle du corps humain, et que dans la connaissance de l'anatomie elle compte peu d'habiles gens. On reconnaît les peintres parmesans à leurs contours larges. Les figures de leurs personnages ont peu d'idéal. Elles sont presque toutes choisies parmi celles que le talent a donné aux nationaux, dont les têtes, en général, sont d'un bel oval, bien coloriées, et possèdent surtout cette gaîté et ces traits agréables que l'on regarde comme originaux dans le Corrège. Cela conduit à croire qu'il instruisit beaucoup plus de jeunes gens que ne le prétend Vasari.

CEUX de ses élèves que le Lanzi cite les premiers, méritent peu d'attention. Tels sont par exemple Francesco Cappelli da Sassuolo, dont il ne reste aucun ouvrage connu ; car il est évident que la plus belle des figures du tableau que l'on voit à Saint-Sébastien et qu'on lui attribue, est de la main de son maître ; Gio Giarola de Reggio, dont les fresques ont péri ; Antonio Beviceri, noble de naissance, qui, comme son maître, fut appelé Antonio da Corregio (d'où il est résulté quelques équivoques dans l'Histoire des Arts), peintre en miniature, célébré par Landi et par Pietro Aretino ; Daniello de Por, qui aida le Zuccari dans l'exécution d'une fresque que l'on voit à Vito, près de Sora ; Maestro Torelli, que le Resta cite comme ayant travaillé avec Rondani à Saint-Jean à Parme, et dont le Rati célèbre les travaux dans l'un des cloîtres de ce monastère.

Ceux que je vais citer maintenant ont joui jusqu'à ce jour, les uns un peu plus, les autres un peu moins, de la réputation d'habiles gens en Italie ; mais si tous furent instruits par le Corrège, ce qui est douteux, tous du moins ne le suivirent point de la même manière. Certains d'entr'eux, dit plaisamment Lanzi, ressemblent à ces nageurs timides qui n'osent point s'éloigner de leur maître, tandis que quelques autres au contraire évitent de trop s'en rapprocher, pour faire présumer qu'ils sont déjà habiles dans l'art de la natation. Le Rondani doit se classer parmi les premiers. Il travailla avec le Corrège à Saint-Jean. On lui attribue un grotesque

que l'on voit dans l'intérieur du monastère. Peut-être doit-il à la facilité avec laquelle il imitait son maître le tort qu'on lui fait en mettant sur le compte de celui-ci quelques Enfans que l'on trouve dans cet ouvrage. La Vierge qu'il peignit en dehors de l'église de Sainte-Marie-Madeleine, et son tableau de Saint Augustin et de Saint Jérôme, aux Hermites, sont tellement dans le goût du Corrège, qu'ils passeraient pour être de ce maître, si l'histoire n'assurait le contraire. Il n'atteignit jamais cependant au grandiose de ce peintre, et on lui reproche avec justice d'avoir été trop étudié et trop minutieux dans ses accessoires. Ce défaut se reconnaît dans tous ses ouvrages, et notamment dans une fresque qu'il exécuta dans une chapelle de la cathédrale. On rencontre peu de ses ouvrages dans les collections. Les marquis Scarani de Bologne possèdent de lui une Vierge avec l'Enfant Jésus. L'Enfant tient une hirondelle (en italien *rondine*), pour faire allusion au nom de ce peintre. C'est une sorte de signature. Messieurs Bettinelli de Mantoue ont aussi un portrait d'homme peint par ce peintre, vêtu et coloré dans le genre du Giorgione.

LES historiens ne s'accordent pas sur la patrie de Michel Angiolo Anselmi. Le Rati le fait naître à Lucques, d'autres à Sienne, et ils se fondent sur ce qu'il y demeura dans son enfance et qu'il y fit ses études. Mais il est certain qu'il était de Parme, et que son père, son ayeul et son bisayeul étaient parmesans. On diffère également sur le nom de ses maîtres. Le Resta veut qu'il ait appris sous le Sodoma; l'Azzolini prétend que ce fut sous le Riccio. Il est possible que ce soit de l'un ou de l'autre qu'il ait reçu les premiers élémens de la peinture, et qu'ensuite il se soit perfectionné à Sienne, où l'on voit un tableau de lui à Fontegiusta, dont le style n'a aucun rapport avec le lombard. Il était donc déjà peintre quand il vint à Parme. Plus âgé que le Corrège, il ne put être son élève; mais il eut le bon esprit de suivre ses conseils et de corriger son style en étudiant celui de ce grand homme. Il fut employé par lui, en 1522, aux travaux de la coupole et de la grande tribune de la cathédrale. Quand il fut question de peindre les chapelles contiguës, il fut choisi avec le Rondani et le Parmesan. Ce travail n'eut pas lieu, mais ce choix prouve qu'il était considéré comme un habile homme. Il fut l'un des plus ardens imitateurs du Corrège, et ses tableaux en sont la preuve. Il est large dans les contours, très-étudié dans les têtes, agréable dans les teintes. Il a une prédilection particulière pour le rouge, qu'il varie et subdivise pour ainsi dire à l'infini dans le même tableau. Le plus gracieux de tous, celui dans lequel il se rapprocha le plus de son admirable modèle, est à Saint-Etienne, et représente ce Saint et Saint

Jean-Baptiste aux pieds de la Vierge Marie. La plus vaste de ses productions est à la Steccata. Il l'exécuta, selon Vasari, d'après un carton de Jules Romain; mais cette assertion est formellement démentie par le contrat même passé avec Anselmi pour l'exécution de cet ouvrage, car on y relate l'emplacement qu'on lui assigne pour préparer ses cartons, et la vérité d'ailleurs est que Jules Romain n'envoya jamais autre chose à Parme que quelques esquisses. Le seul reproche que l'on puisse faire à cet artiste, c'est d'avoir été souvent extravagant dans la composition. Il mourut, à ce que l'on croit, vers la fin de 1554.

L'un des élèves le mieux reconnu pour appartenir au Corrège, est Bernardino Gatti, surnommé le Sojaro, de la profession de son père. Il a laissé de nombreux monumens de l'art, non-seulement à Parme, mais encore à Plaisance, à Crémone et dans d'autre pays. Il ne s'écarta jamais des principes de son maître. Sa Piété à la Madeleine de Parme; son Repos en Egypte, à Saint-Sigismond à Crémone; sa Crèche, à Saint-Pierre dans la même ville, prouvent jusqu'à quel point on peut imiter un grand peintre sans le copier. Personne n'a jamais rivalisé de plus près le Corrège par la délicatesse des traits. Ses Vierges, ses Enfans, respirent l'innocence, la grâce, la beauté. Il aimait les fonds clairs et blanchâtres, et la suavité du coloris le caractérise.

La nature avait doué le Sojaro du talent singulier de contrefaire les peintres auxquels il se trouvait associé. Quand il succéda au Pordenone dans les décorations de la tribune de Santa Maria di Campagna, à Plaisance, l'ouvrage parut être entièrement de la même main. C'est dans la même église que son Saint-Georges sert de pendant au Saint-Augustin du Pordenone. Ce Saint-Georges, que par complaisance pour ceux qui le lui avaient commandé il exécuta d'après un dessin de Jules Romain, est admirable pour le grand relief et pour le mouvement. Au reste, c'est dans plusieurs églises de Parme que l'on peut juger de ce qu'il vaut, quand il travailla d'après lui-même. Sa coupole de la Steccata est un ouvrage insigne dans toutes ses parties. La figure principale, la Vierge, est admirable et surprenante. On peut en dire autant de son tableau de la Multiplication des Pains, dans le réfectoire des pères de Saint-Jean-de-Latran, à Crémone. Il est signé de lui, et daté de 1552. C'est l'un des plus vastes tableaux existans dans les réfectoires religieux, peuplé de figures plus grandes que nature, surprenant par l'extrême variété des personnages, des vêtemens, des poses et des mouvemens, enrichi d'accessoires originaux, et dans son immense étendue conduit avec une science de couleur et une harmonie tellement admirables, qu'elles font pardonner quelques erreurs de perspective aérienne. Les particuliers, en

Italie, possèdent peu d'ouvrages de ce peintre. Ils sont tous passés au-delà des monts, et surtout en Espagne.

Giorgino Gandini surnommé le Grano, du nom de sa mère, passa long-tems pour être de Mantoue, et a été restitué à Parme par le P. Affo, qui a donné sa généalogie. Si l'on en croit l'Orlandi, il fut élève du Corrège, et ses tableaux ont été souvent retouchés par son maître. Le P. Zopata, à qui l'on doit une histoire latine des églises de Parme, lui attribue le tableau principal de l'église de Saint-Michel, que dans le Guide de Ruta l'on a faussement donné à Lelio de Novellara. On peut juger du degré d'estime dont il jouissait parmi ses concitoyens, par l'honneur qu'ils lui firent en le chargeant de succéder au Corrège dans l'exécution de la peinture de la tribune de la cathédrale, que la mort l'empêcha d'exécuter. Il se chargea de ce travail; mais à son tour la mort le ravit lui-même à cette entreprise; et cette commission passa à un troisième peintre. Ce fut Girolamo Mazzuola, artiste trop jeune encore alors, pour ne pas laisser à cet égard quelques craintes sur le succès d'une semblable machine.

Ce Girolamo Mazzuola était cousin et fut élève de Francesco Mazzuola, si célèbre sous le nom de Parmesan, et dont le P. Affo a écrit la vie. Lanzi ne croit pas que le Parmesan ait été l'élève du Corrège ; mais il pense qu'il étudia dans l'école des deux Zii, et que ce fut là qu'il exécuta, à l'âge de quatorze ans, ce tableau si admirable, et qu'on ne devait guère attendre d'un aussi jeune homme, dans lequel il représenta le Baptême du Christ, et qui se voit aujourd'hui chez les comtes Sanvitali. Il ne s'attacha à la manière du Corrège qu'après avoir vu ses ouvrages, et il parvint à l'imiter parfaitement. On rapporte à cette époque quelques-uns de ses tableaux, tels entr'autres qu'une Sainte Famille, que possède le président Bertioli, et un San Bernardino, que l'on voit chez les moines de l'Observance, à Parme. Une preuve encore de son talent à imiter le style du Corrège, c'est qu'il fut choisi avec le Rondani et l'Anselmi pour peindre une chapelle près de la coupole peinte par le Corrège ; cependant, ayant assez le sentiment de sa force pour ne pas être en second, tandis qu'il pouvait tenir un premier rang, il différa de commencer l'ouvrage dont on l'avait chargé, voyagea en Italie, vit Jules Romain à Mantoue, Raphaël à Rome, et se forma un stile totalement à lui. Ce stile est grand, noble, plein de dignité ; il emploie communément peu de figures, mais il les fait mouvoir avec beaucoup de majesté dans un champ vaste, comme on peut en juger par son Saint Roch à Saint-Pétrone de Bologne, et par son Moise à la Steccata de Parme, tableau si célèbre par le clair obscur.

Toutefois le caractère et le partage de ce peintre est la grâce, ce qui fit dire à Rome que l'esprit de Raphaël était passé en lui. C'était vers ce but qu'il dirigeait tous ses moyens. On remarque dans ses dessins les nombreux essais qu'il tentait pour arriver à donner à une figure la plus grande grâce possible, soit aux formes, soit aux mouvemens, soit à la légèreté des draperies, partie surtout dans laquelle il excellait. L'Algarotti lui reproche cependant cette recherche trop minutieuse de la grâce : il lui semble que ce peintre a quelquefois outrepassé la véritable limite dans les têtes, ce qui l'a fait tomber dans la mignardise, ou, pour mieux dire, dans l'affectation. Augustin Carache, en examinant les qualités que doit avoir un peintre, lui désire un peu de la grâce du Parmesan : il ne la lui souhaite pas toute, parce que, ici, dit-il, le tout serait superflu. D'autres critiques ont attribué à cette tension outrée vers la grâce, les proportions trop longues qu'il a données à ses figures relativement à la stature, aux doigts, au col, comme cela se remarque par exemple dans sa célèbre Madone du palais Pitti, qui doit à ce défaut son titre de la Madone au long col; mais ici il a trouvé des défenseurs. L'on s'est appuyé sur l'exemple des anciens, qui, dans leurs statues habillées, avaient adopté les mêmes proportions pour ne pas tomber dans l'ignoble.

FIN DU TOME SEPTIÈME.

www.ingramcontent.com/pod-product-compliance
Lightning Source LLC
Chambersburg PA
CBHW050314170426
43202CB00011B/1896